Wiebke Voß

Der Gang des Helden in die Unterwelt als Weg zu Vergangenheit und Zukunft

GRIN Verlag

Bibliografische Information der Deutschen Nationalbibliothek:

Die Deutsche Bibliothek verzeichnet diese Publikation in der Deutschen National-
bibliografie; detaillierte bibliografische Daten sind im Internet über http://dnb.d-
nb.de/ abrufbar.

Impressum:

Copyright © 2008 GRIN Verlag GmbH
Druck und Bindung: Books on Demand GmbH, Norderstedt Germany
ISBN: 978-3-640-78749-4

Dieses Buch bei GRIN:

http://www.grin.com/de/e-book/183852/der-gang-des-helden-in-die-unterwelt-als-
weg-zu-vergangenheit-und-zukuft

GRIN - Your knowledge has value

Der GRIN Verlag publiziert seit 1998 wissenschaftliche Arbeiten von Studenten, Hochschullehrern und anderen Akademikern als eBook und gedrucktes Buch. Die Verlagswebsite www.grin.com ist die ideale Plattform zur Veröffentlichung von Hausarbeiten, Abschlussarbeiten, wissenschaftlichen Aufsätzen, Dissertationen und Fachbüchern.

Besuchen Sie uns im Internet:

http://www.grin.com/

http://www.facebook.com/grincom

http://www.twitter.com/grin_com

Wiebke Voß

Jahrgangsstufe 13

Ursulaschule Osnabrück

Osnabrück, im Februar 2008

Der Gang des Helden in die Unterwelt als Weg zu Vergangenheit und Zukunft

(im Rahmen des Rerum Antiquarum Certamen,

Schülerwettbewerb „Alte Sprachen 2007/2008",

ausgerichtet vom Niedersächsichen Altphilologenverband NAV)

Textgrundlage: Homer, Odyssee, 11 und Vergils Aeneis

Time present and time past

Are both perhaps present in time future

And time future contained in time past.

(T.S.Eliot, *Burnt Nordton*)

LITERATURVERZEICHNIS

A. Zugrunde liegende Textausgaben und Übersetzungen

HOMER	Die Odyssee. Deutsch von Wolfgang Schadewaldt, Hamburg 1995
PUBLIUS VERGILIUS MARO	Aeneis und die Vergil-Viten. Lateinisch – Deutsch. In Zusammenarbeit mit Karl Bayer herausgegeben und übersetzt von Johannes Götte, Gernsbach 1958

B. Kommentare, Hilfsmittel und Sekundärliteratur

BÜCHNER, KARL	Der Schicksalsgedanke bei Vergil, in: OPPERMANN, HANS (Hg.): Wege zu Vergil. Drei Jahrzehnte Begegnungen in Dichtung und Wissenschaft, Darmstadt ² 1976, 270-300
BÜCHNER, KARL	Römische Literaturgeschichte. Ihre Grundzüge in interpretierender Darstellung, Stuttgart ³1962
BÜCHNER, KARL	Vergils Aeneis, in: AU Reihe V, Heft 2, Freiburg im Breisgau 1959, 28-45
CLARUS, INGEBORG	Odysseus. Wege und Umwege einer Seele, Leinfelden-Echterdingen 1997
FLAIG, EGON	Ritualisierte Politik. Zeichen, Gesten und Herrschaft im Alten Rom, Göttingen ²2004
FOß, RAINER	Die Ausbildung der Jenseitsvorstellungen von den Griechen bis Plazo. Anhang: Vergils sechstes Buch der Aeneis. Dissertation zur Erlangung des Doktorgrades der Philosophischen Fakultät der Christian-Albrecht-Universität zu Kiel, Kiel 1994
GIEBEL, MARION	Vergil. Mit Selbstzeugnissen und Bilddokumenten, Hamburg 1986
GLEI, REINHOLD	Vergils *Aeneis*. Geschichte der Größe, in: KÖLKESKAMP, KARL-JOACHIM/ STEIN-HÖLKESKAMP, ELKE: Erinnerungsorte der Antike, München 2006, 140-155

GLÜCKLICH, HANS-JOA-CHIM	Interpretationen und Unterrichtsvorschläge zu Vergils ‚Aeneis', Göttingen 1984
HENRY, ELISABETH	The vigour of prophecy. A Study of Vergil's *Aeneid*, Carbondale 1989
HERZOG, REINHART	Aeneas episches Vergessen, in: HAVERKAMP, ANSELM / LACHMANN, RENATE (Hgg.): Memoria. Vergessen und Erinnern. Unter Mitwirkung von Reinhart Herzog, München 1993
HOMER	Die Odyssee. Deutsch von Wolfgang Schadewaldt, Hamburg 1995
JEDAN, CHRISTOPH	Art. boulêsis, boulesthai, in: HORN, CHRISTOPH/ RAPP, CHRISTOF(Hgg.): Wörterbuch der Antiken Philosophie, Münster 2002
KLINGER, FRIEDRICH	Römische Geisteswelt. Essays zur lateinischen Literatur. Mit einem Nachwort herausgegeben von Karl Büchner, Stuttgart ⁵1984
KREFELD, HEINRICH (Hrsg.)	Interpretationen lateinischer Schulautoren mit einer didaktischen Einführung. Unter Mitwirkung von Heinrich Altevogt, Berhard Gährken et.al., Frankfurt am Main 1970
LEHR, HEINRICH	Religion und Kult in Vergils Aeneis. Dissertation zur Erlangung der Doktorwürde bei der Philosophischen Fakultät der Hessischen Ludwigs-Universität Gießen, Gießen 1934
LESSING, ERICH	Die Odyssee. Homers Epos in Bildern erzählt, Freiburg im Breisgau ²1978
NORDEN, EDUARD	P. Vergilius Maro. Aeneis Buch VI, Berlin / Leipzig ³1926
OPPERMANN, HANS	Vergil, in: OPPERMANN, HANS (Hg.): Wege zu Vergil. Drei Jahrzehnte Begegnungen in Dichtung und Wissenschaft, Darmstadt ² 1976, 93-176
PLATTHAUS, ISABEL	Höllenfahrten. Die epische katábasis und die Unterwelten der Moderne, München 2004

PUBLIUS VERGILIUS MARO Aeneis und die Vergil-Viten. Lateinisch – Deutsch. In Zusammenarbeit mit Karl Bayer herausgegeben und übersetzt von Johannes Götte, Gernsbach 1958

QUITER, RAIMUND Aeneas und die Sibylle. Die rituellen Motive im sechsten Buch der Aeneis, Königstein/Ts 1984

STORCH, HELMUT Die Behandlung der homerischen Nekyia auf der Obersekunda, in: AU. Reihe V, Heft 1, Tübingen 1961, 65-79

TSAGARAKIS, ODYSSEUS Studies in Odyssey 11, Stuttgart 2000

WERNER, CHARLES Die Philosophie der Griechen, Freiburg im Breisgau 1966

GLIEDERUNG

A. DIE STRUKTURELEMENTE DER HOMERISCHEN NEKYIA UND DER VERGILISCHEN KATABASIS

I. Gemeinsame Elemente und methodische Vorbemerkung

Die beiden vorliegenden Texte, das elfte Buch der homerischen Odyssee und das sechste Buch von Vergils Aeneis, thematisieren innerhalb der langen Suche der Helden Odysseus und Aeneas nach der alten bzw. der neuen Heimat eine zentrale Etappe: die Katabasis in die Unterwelt. Trotz vieler Differenzen weisen beide descensus ähnliche tragende Elemente auf, die ich im Folgenden benennen und in ihrer Ausführung bei Homer und Vergil untersuchen möchte.

Ausgangspunkt der Höllenfahrten ist der **Held**, den besonderen Eigenschaften zum Abstieg in den Hades qualifizieren. Er wird durch Weisung einer befehlsbefugten Instanz oder Person zu diesem Extremereignis motiviert und soll Prophezeiungen in Bezug auf die Zukunft durch einen bestimmten Toten erfahren und somit die Chance zum Erreichen der Heimat verbessern.

Neben seiner besonderen persönlichen Qualifikation bedarf der Held bestimmter **Riten**, um Einlass in das den Lebenden gewöhnlich verschlossene Todesreich zu erlangen. Insbesondere sind hierbei Opferhandlungen und Gebete zu Pluto und Persephone zu erwähnen, zu deren Ausführungen der Held durch einen wissenden, übermenschlichen **Führer** konkrete Anweisungen erhält

.

Hat der Held diese *munera* durchgeführt, kann er – nach Überschreitung weiterer **Schwellen** der Unterwelt (traditionell sind hier der Fährmann Charon und der Höllenhund Cerberus zu nennen) - **Kontakt** zu den Seelen Verstorbener aufnehmen. Ob der Protagonist hierbei selbst in das Totenreich hinabsteigt oder die Toten zu ihm in die Oberwelt gelangen, wird später zu analysieren sein. Diese Begegnungen sind in der Regel mit **Dialogen** verbunden[1], die dem Helden teils Aufschluss über die Vergangenheit, teils sogar Einblick in die Zukunft bieten und somit das **Ziel** der Katabasis implizieren. Auch das **Mysterium von Leben und Tod,** das mit dem eschatologischen Schicksal der

---

[1] Nur in Ausnahmefällen kommt es nicht zu einem Gespräch, sondern bleibt bei einer einseitigen Anrede des in die Unterwelt Hinabgestiegenen.

Seelen im Rahmen ihrer jeweiligen Klassifizierung verbunden ist, wird im Laufe der Katabasis in solchen Dialogen offenbart.

Am Ende der Katabasis steht der **Aufstieg** aus der Unterwelt und die Wiederaufnahme der Reise gen Heimat bzw. Ziel.

Im Rahmen dieser grundlegenden Struktur soll gemäß der chronologischen Reihenfolge der Epen zunächst die homerische Nekyia untersucht werden[2], anschließend die Katabasis des Aeneas bei Vergil. Auf der Aeneis liegt der Schwerpunkt dieser Arbeit, da Vergil ein differenzierteres und umfangreicheres Zeitkonzept als Homer offenbart und die Zeitebenen in unkonventioneller, faszinierender Weise darstellt. Während im ersten Teil die inhaltliche Ebene erfasst und eine grundlegende Deutung vorgenommen wird, konzentriert sich der zweite Teil auf die Dialektik von Erinnern und Vergessen in der Katabasis des Aeneas.

---

[2] Hierbei verlasse ich mich mangels Griechischkenntnisse auf die Übersetzung von Wolfgang Schadewaldt.

II. Ausführung der grundlegenden Struktur bei Homer

1. Der Held

Odyssseus fasst nach einjährigem Aufenthalt auf der Insel Aiaia als Gast und Geliebter der Zaubergöttin Kirke, der Tochter des Helios und der Perseis, aufgrund des Drängens seiner Gefährten den Beschluss, in seine Heimat Ithaka zurückzukehren. Zwar entspricht die Göttin seiner Bitte um Abreise und lässt ihn gehen, fordert ihn jedoch auf, zuvor „die Häuser der Hades und der schrecklichen Persephone"[3] aufzusuchen. Dort soll er die Seele des verstorbenen, blinden Sehers Teiresias aus Theben über seinen weiteren vostos befragen. Kirke liefert Odysseus hiermit sowohl die Motivation zur Katabasis – durch ihre Weisung - als auch - durch das Versprechen einer Prophezeiung durch den griechischen Seher – Intention zum Aufsuchen der Unterwelt, die als (einzige!) Station, die nicht auf dem Reiseweg liegt und damit rein räumlich gesehen einen Umweg bedeutet, bewusst angesteuert wird.[4]

Die Qualifikation zur Nekyia muss jedoch vom Helden selbst ausgehen: Zwar bricht ihm „das liebe Herz"[5] und er kann ob seines Entsetzen über den bevorstehenden Abstieg in die Unterwelt die Tränen nicht zurückhalten, da doch „noch keiner in den Hades gekommen ist[...]"[6]. Dennoch zweifelt er die Notwendigkeit der Katabasis nicht an, sondern konzentriert sich bald auf pragmatische Überlegungen bezüglich des Weges und des Führers und verdeutlicht auch dadurch, dass er seine Gefährten trotz deren heftigem Widerstreben zum Aufbruch zur Grenze des Hades bewegen kann, seine Führungsqualitäten. In erster Linie verlangt der Abstieg als etwas Ungeheuerliches jedoch nicht nur Mut, sondern insbesondere „Leidensfähigkeit"[7].

Insgesamt entspricht Odysseus als listenreichen und umsichtiger Charakter dem klassischen Heldenideal jedoch nur sehr bedingt - wie zunächst auch Aeneas -, sondern erscheint als exemplarischer Vertreter eines Menschen, der im Rahmen seines irdischen Lebens den erforderlichen Weg geht und so Verantwortung für sich und seine Gefährten

---

[3] HOMER, Die Odyssee 10, V. 491
[4] In der Literatur wird jedoch oft eine Intention für diese Abweichung vom nostos auf Textebene bemängelt, was mit der Prophezeiung der Kirke, die die des Teiresias a posteriori unnötig zu machen scheint, zusammenhängt; vgl. PLATTHAUS, Höllenfahrten, 97
[5] HOMER, Die Odyssee 10, V. 496
[6] HOMER, Die Odyssee 10, V. 502
[7] STORCH, Zur Behandlung der homerischen Nekyia, S.76

4

2. Der Weg als erste Schwelle

Bei Homer ist zwischen diesem Ausgangspunkt und dem Vollzug der Riten, die den Zugang zum Hades erst ermöglichen, ein weiteres Element eingefügt: der Weg zur Grenze des Okeanos, an dem der Eingang zur Unterwelt liegt. Homer offenbart in dieser Konstruktion den typischen antiken Glauben: „there existed a world cut off by mountains, rivers [...] or the ocean [...] beyond the confines of the habitable world where the dead lived"[9]. Die Unterwelt wird hier also exakt lokalisiert. Kirke gibt Odysseus eine genaue topographische Beschreibung und verweist auf die vier Flüsse des Hades – Acheron, Styx, Pyriphlegethon und Kokytos -, Odysseus aber muss den Weg nicht alleine finden, was die Ausführung dessen, was „„noch kein Sterblicher""[10] zuvor vollbracht hat, bedeuten würde. Die Zauberin weist ihn vielmehr darauf hin, dass der Nordwind sein Schiff an die Grenze des Ozeans führen werde, und fungiert so als Führerin des Odysseus, der hier als passiver Charakter auftritt, dessen Fahrt zum Hades „ein träumendes Sichtreibenlassen von gottgesandten Winden [ist], kein selbsttätiges Rudern"[11]. Der Weg zum Hadeseingang stellt so die erste, für in eigener Motivation handelnde Sterbliche unüberwindliche Schwelle zur Unterwelt dar.

3. Die Riten

Nach Ankunft an den Grenzen des Ozeans, führt Odysseus die Tier - und Trankopfer gemäß den Anweisungen Kirkes durch[12] und verleiht den Seelen der Verstorbenen durch die Nekyomantie die Möglichkeit zur Überwindung der Schwelle, die sie in den Hades bindet. Das Blut als „Sitz des Lebens"[13] zieht die Toten magisch an, sodass sich Odysseus nur mit Hilfe seines Schwertes schützen kann. In der homerischen Konstruktion handelt es sich also nicht um eine Höllenfahrt in dem klassischen Sinne, dass der Held in die Unterwelt hinabsteigt, sondern um einen Aufstieg der *eidola*, die eine Schattenexistenz in der Unterwelt führen, an die Grenzen der Oberwelt.

4. Kontakt zu den Seelen Verstorbener

---

[8] Vgl. CLARUS, Odysseus, S 8; siehe auch CICERO, De officiis 3, 96-99
[9] TSAGARIKES, Studies in Odyssey 11, S.23
[10] Homer, Odyssee 10, V. 502, zitiert in: LESSING, Die Odyssee, S.23
[11] RAHNER, Griechische Mythen in christlicher Deutung, S. 246
[12] Die schwarze Färbung der geopferten Tiere verweist in diesem Zusammenhang auf die Unterwelt.
[13] STORCH, Zur Behandlung der homerischen Nekyia, S.77

a) Die Seele des jüngst verstorbene Elpenor als Schwellenfigur

Die erste *psyche*, die zu Odysseus kommt, ist die des eben erst verstorbenen Elpenor, der deshalb eine Sonderstellung innerhalb der Toten einnimmt, da er mangels Bestattung noch nicht in den Hades eingehen konnte. In der Forschung als „unorganisiertes Zwischenstück"[14] des zweiten, unbekannten Dichters der Odyssee eingestuft, verdeutlicht diese Szene dennoch hervorragend das Bild der Unterwelt im Kontext der *memoria*, das im späteren Verlauf der Arbeit zentral werden wird: Dass Elpenor, im Gegensatz zu den übrigen Toten mit Ausnahme des Teiresias, noch über Bewusstsein und Erinnerung verfügt, macht deutlich, dass diese nicht mit dem Tod, sondern erst mit dem Eintritt der psyche in die Unterwelt ausgelöscht werden. Der Hades steht also in Homers Konstruktion als Ort der Zeit- und damit Erinnerungslosigkeit. Nur das Blut als Sitz des Lebens - gewissermaßen als stoffliche Entsprechung des Lebens - vermag den eidola der Verstorbenen einen kurzen „Zeit-Moment" zu verschaffen.

Elpenor ist, da noch nicht in den Hades eingegangen, bei vollen Bewusstsein und besitzt Erinnerungen sowohl an seinen Tod, den er hier Odysseus noch einmal erzählt und für den er den „Daimon" verantwortlich macht, als auch an die Irrfahrten, die er vorher mit Odysseus erlebt hat. Letzteres wird nicht nur in dem sofortigen Erkennen des Odysseus deutlich, sondern auch in der Aussage, er wolle ihm nicht „Ursache für den Zorn der Götter" werden - hierbei zeigt sich das Wissen um die durch Poseidon hervorgerufenen Irrfahrten – ,und wird verknüpft mit der Bitte um ein Begräbnis, was Odysseus ihm verspricht. Hiermit wird zugleich die Motivation für eine Rückkehr nach Aiaia zu Kirke gegeben, wo Odysseus eine weitere, konkretere Prophezeiung als die des Teiresias hören wird.

Elpenor fungiert also als Schwellenfigur: Er ist es, der in den Hades hineinführt, als die erste der Seelen, mit denen Odysseus in Kontakt tritt. Zudem stellt Odysseus verwunderte Frage „Bist du eher zu Fuß hier als ich mit dem schwarzen Schiffe?"[15] Elpenor in eine direkte Verbindung mit dem Weg zu Hades. Auch die Rückkehr in die Sphäre des Lebens bereitet dieser nun durch seine Bitte um Begräbnis vor. Zugleich führt er Odysseus durch den Dialog, den er mit ihm führt, in die Vergangenheit ein, in die der Held in der nächsten Station weiter eintreten wird.

---

[14] STORCH, Zur Behandlung der homerischen Nekyia, S.78
[15] HOMER, Odyssee XI, V. 58

6

b) Die Prophezeiung des Teiresias

Obwohl Odysseus' Beschwörung lediglich der Seele des Teiresias galt, steigen nach Elpenor andere Seelen, vom Blut angelockt, aus der Unterwelt hervor. Odysseus macht unter den Toten seine eigene Mutter Antikleia aus, die er bisher nicht tot wähnte, hält jedoch auch sie, den Anweisungen Kirkes folgend, von der Nekyomantie fern.

Die durch seine prophetischen Fähigkeiten bedingte Sonderstellung des Teiresias unter den Toten war bereits in Buch 10 angekündigt worden: Er allein sei bei Verstand und ihm sei auch in der Unterwelt Einsicht gegeben. Dementsprechend erkennt er Odysseus sofort und kündet nach dem Trinken des Blutes die Zukunft. Zunächst benennt er die religiöse Dimension der Irrfahrten durch den Verweis auf den Groll der Götter, insbesondere des Poseidon. Dennoch könnte Odysseus mit seinen Gefährten trotz großem Leiden seine Heimat Ithaka erreichen, wenn sie auf der Insel Thrinakia die Rinder des Sonnengottes Helios unberührt lassen würden. Teiresias benennt ihm eine wesentliche Voraussetzung für seine baldige Heimkehr und verrät zugleich eine kommende Station des nostos, die Insel Thrinakia. Hier eröffnet sich für den Leser jedoch eine weitere Bedeutungsebene, die Odysseus verschlossen bleibt. Denn schon im Proömium hatte Homer angekündigt, dass die törichten Gefährten sich durch das Verspeisen der Rinder des Helios die Heimkehr verderben werden. Da der griechische Leser bzw. Hörer um die Ineffizienz dieser Warnung des Teiresias weiß, lässt Homer Teiresias die Alternative erörtern: Er kündigt Verderben für Odysseus' Schiff und seine Gefährten an und verweist darauf, dass mit dem Erreichen der Heimat die Strapazen noch kein Ende nehmen werden, sondern fremde Männer um seine Frau freien würden[16]. Auch wenn Teiresias keine Einzelheiten über den Verlauf der Heimkehr verlauten lässt, erfährt Odysseus durch ihn immerhin, dass er heimkehren wird. Doch dies ist nicht die einzige Neuigkeit, die der Held des Epos durch den blinden Seher erfährt. Der zweite Teil der Prophezeiung weist über die Heimkehr und damit – wie die Heldenschau in Vergils Aeneis - über das Epos selbst hinaus: Eine weitere Reise stehe Odysseus bevor; er müsse direkt nach der Rache an den Freiern fortgehen in ein Land, dessen Bewohner das Meer nicht kennen, bis er einem Wanderer begegne, der sein Ruder für eine „Worfschaufel"[17] halte, und dort Poseidon Opfer darbringen. Dann werde er in hohem Alter einen ruhigen Tod ohne Ago-

---
[16] HOMER, Odyssee XI, V. 113-117
[17] HOMER, Odyssee XI, V. 128

nie finden.

c) Einschub eines erzählerischen Intermezzos

Nach der Prophezeiung des Teiresias wird die Erzählsituation, in die die Nekyia eingebunden ist, im Intermezzo deutlich; Odysseus erzählt während des Aufenthaltes bei den
Phäaken rückblickend von seinen Irrfahrten. Die Erzählung steht so in „dritter
Potenz"[18]: Innerhalb des Epos bildet die Erzählsituation am Hof der Phäaken die Gegenwart, die Erzählung der Odyssee die Vergangenheit und die Prophezeiungen des Teiresias die Zukunft. Dieser Erzählrahmen bedingt auch die zweite Bedeutungsebene der
Prophezeiung des blinden thebanischen Sehers: Sie enthält über die Anweisungen an
Odysseus bezüglich seiner Irrfahrten hinaus die Weisung des Odysseus an seine Zuhö-
rer, ihn nach Ithaka überzusetzen.

Anschließend erfährt Odysseus von Teiresias von der bereits erläuterten Erinnerungslosigkeit der Toten und beschließt, seine Mutter Antikleia, die ihn bisher nicht erkannt
hatte, von dem Blut trinken zu lassen und ihr damit kurzzeitig die Fähigkeit der Sprache
und der Erinnerung zurückzugeben. Von ihr erfährt er nun von der Art ihres Todes, von
dem Befinden seines Vaters Laertes und seines Sohnes Telemachos und von dem Verhalten seiner Ehefrau. All diese Informationen, die Antikleia ihrem Sohn gibt, sind zwar
Auskünfte über die Vergangenheit, bekommen aber für Odysseus, für den sie Neuigkei-
ten darstellen, die er ohne die Nekyia erst bei seiner Heimkehr nach Ithaka erfahren
würde, eine Zukunftsperspektive. Zugleich wird die gegenwärtige Situation auf Ithaka
umrissen. Von seiner Mutter wird Odysseus auch in das Mysterium von Leben und Tod
eingeführt, als er feststellen muss, dass er sie trotz dreimaligen Versuches nicht umarmen kann: Der Körper sei sterblich und vergehe, die Seele jedoch fliege als *eidolon* des
früheren Körpers umher.[19]

Mit dem Intermezzo kehrt die Erzählung zwischenzeitlich auf eine einfache Erzählebe-
ne zurück. Odysseus scheint sich hier auf seinen Auftrag zu besinnen und festzustellen,
dass jedes weitere Erzählen nur ein Aufschub für das endgültige, ihm in der Nekyia verheißene telos, die Heimkehr, bedeutet. Auf Drängen der Phäaken nimmt er seinen Be-

---

[18] PLATTHAUS, Höllenfahrten, S. 99
[19] Es folgt der Heroinenkatalog, der hier nicht detailliert analysiert, sondern lediglich in seiner Funktion
erklärt werden soll. Er sucht die Einbindung in die epische Tradition durch die Verknüpfung der Nekyia
des Odysseus mit anderen antiken Legenden über Totengespräche und weist so über das Epos selbst hinaus auf den geschichtlich-fiktiven und mythologischem Zeitkontext.

richt jedoch wieder mit dem sogenannten Heroenkatalog auf. Hier rekapituliert er im Kontakt mit den verstorbenen griechischen Helden seine eigene –für den griechischen Hörer ferne - Vergangenheit und die Geschehnisse des trojanischen Krieges. Vergangener Ruhm wird hier präsentiert, die Gespräche zwischen Odysseus und seinen ehemaligen Gefährten sind jedoch eher privater Natur. Im Wesentlichen wird in den Gesprächen die Vergangenheit durch ihre Aufarbeitung wieder präsent, von besonderem Interesse sind jedoch auch in die Zukunft hinausdeutende Elemente in den Dialogen. So verweist Agamemnon in Zusammenhang mit der Erzählung seines eigenen Todes darauf, dass Odysseus nicht durch die Hand seiner Frau sterben werde.

d) Blick ins Innere der Unterwelt zu den mythologischen Figuren

Dem Kontakt mit den Seelen Verstorbener – nur im Fall des Aias kommt es zu keinem Dialog, die Vergangenheit wird nicht aufgearbeitet – folgt der Blick in den Hades, der sich hier Odysseus' Blicken öffnet. Homer beschreibt die Situation der mythologischen Figuren Sisyphos, Tantalus und Tityos, der drei großen Büßer, und baut hierdurch eine weitere Ebene, die mythologisch-fiktive, neben der geschichtlichen auf.

Zugleich entstehen auch hier wieder Querverbindungen zu anderen literarischen Werken, insbesondere durch die Darstellung des Herakles im Tartarus. Die besondere Bedeutung dieser Figur wird dadurch ersichtlich, dass sie die einzige der im Hades befindlichen Seelen ist, die Odysseus direkt anspricht. Hierdurch stellt Homer nicht nur seinen Helden in den Vergleich mit der griechischen Heroenwelt, sondern auch sein Werk in Konfrontation mit anderen Werken, insbesonder der Katabasis des Herakles. Diese Verbindung zu Vorgängern dient der Nobilitation und Legitimation des eigenen Epos.

5. Ausgang

Die Nekyia endet mit der Flucht des Odysseus angesichts der vielen, zum Blut strömenden Seelen und seiner Rückkehr zu Kirke auf die Insel Aiaia, wo er Elpenor begräbt und von Kirke eine weitere Prophezeiung hört.

III. Ausführung der grundlegenden Struktur bei Vergil

1. Der Held

Schon in babylonischen Texten wird die Unterwelt als „Land ohne Rückkehr"[20] bezeichnet.

Die Vorstellung, dass jeder Mensch die Unterwelt nur einmal und nur nach seinem Tod aufsuchen kann, war in der Antike durchaus verbreitet[21]; auch Sibylle bezeichnet den Hades als *regna invia vivis* (V. 154). Innerhalb dieses natürlichen Weltgefüges nimmt Aeneas offensichtlich eine Sonderstellung ein.

Nach Vergil sind für den Helden die wichtigsten Wegweiser zur Katabasis die Traumerscheinungen des Anchises. Bereits im vierten Buch verweist Aeneas beim tragischen Abschied von der karthagischen Königin Dido auf die Traumvisionen, in denen sein Vater ihn ermahnt, auf den von *fatum* aufgezeigten Weg zurückzukehren[22]. Durch diese Konstruktion Vergils, dass Anchises als Wegweisender auch über den Tod hinaus eine entscheidende Hilfe für den umherirrenden Helden bleibt, wird eine Existenz nach dem Tod prinzipiell bejaht und somit die Möglichkeit zu der in Buch VI beschriebenen Vater-Sohn-Begegnung gegeben. Konkreter werden die Anweisungen des Anchises im fünften Buch während der Leichenspiele für den Verstorbenen: *Ditis tamen ante infernas accede domos et Averna per alta congressus pete, nate, meos.*[23]

Aeneas wird hier formell zur Katabasis aufgefordert; als Führer in die Unterwelt soll ihm die Sibylle von Cumae dienen; bereits im Irrfahrtenbuch war Aeneas durch den Seher Helenus aufgefordert worden, die Prophetin in Bezug auf sein Schickal zu konsultieren[24]. In seiner pietas gehorcht der Sohn nun den Befehlen des Sehers und seines Vaters, der seine Legitimation von Jupiter selbst bezieht[25]. Zugleich jedoch treibt ihn die Sehnsucht nach seinen Vater im Rahmen seiner persönlichen Vergangenheit und emotionalen Gefühlswelt. Die Katabasis ist also ausdrücklich zweifach motiviert. Anchises vereint an dieser Stelle deutlich die öffentliche und private Stimme der Aeneis in sich[26].

---

[20] FOß, Die Ausbildung der Jenseitsvorstellungen, S. 51
[21] Das Phänomen der Seelenwanderung, bei dem die Seele nach 1000-jähriger Läuterung im Jenseits erneut inkorporiert wird, kann in diesem Zusammenhang außer Acht gelassen werden, da es sich nicht um Menschen im eigentlichen Sinne, sondern um mentes/ eidola handelt, die auf die Erde zurückkommen.
[22] VERGIL, Aeneis, IV, 351-353
[23] VERGIL, Aeneis, V, 731-733
[24] VERGIL, Aeneis, III, 456-457
[25] Vgl. VERGIL, Aeneis, V, 725/26
[26] Vgl. PLATTHAUS, Höllenfahrten, S. 111

Zum anderen sind Aeneas' charakterliche Stärken von Bedeutung. Der descensus erfordere *opus* (V. 261) und neben *virtus* und *pietas*, zweien der höchsten römischen Tugenden, bestimmt auch eine von den Göttern ausgehende Berufung. Nur wenige *quos aequus amavit Iuppiter aut ardens evexit ad aethera virtus* (V. 129 f.) sind zum Abstieg in die Unterwelt berechtigt. In diesem Sinne kann der von Anchises, der bereits während der Irrfahrten als Deuter des göttlichen Willens fungiert hatte, ausgehende Auftrag durchaus als Ruf durch die Götter interpretiert werden.[27]

2. Riten und Führer

Unmittelbar nach Aeneas Ankunft in Cumae ruft die Sibylle die Aeneaden in den dortigen Tempel, in dem sie Opfergaben darbringen sollen. Bevor Aeneas dort jedoch einen Schicksalsspruch vernehmen darf, wird er durch Epiphanie des Apoll, der durch die in Ekstase (V. 46-52) versetzte Sibylle spricht, zur Oration aufgefordert. Sein erstes Gebet ist dementsprechend zunächst an den Sonnengott gerichtet und preist dessen Verdienste um die umherirrenden, heimatlosen Trojaner. Durch die Erwähnung der für den trojanischen Krieg bedeutsamer. *tela Daraena* (V. 57) und der Stationen der bisherigen Irrfahrt thematisiert der Held die Vergangenheit und schließt unmittelbar daran die Bitte um Besserung der Zustände an, wobei er nun an alle Gottheiten appelliert (V. 62-65). Hier zeigt sich erstmals die Verknüpfung von Vergangenheit und Zukunft, die für die nachfolgende Katabasis zentral werden wird und die aufzeigt, dass die Vergangenheit abgeschlossen und ein „Neuanfang"[28] gewagt werden soll, für den Aeneas zunächst Informationen über zukünftige Ereignisse benötigt. Einige dieser Informationen soll ihm die Seherin liefern, die er im zweiten Teil seines Gebets in einer Dialektik von Fordern und Flehen um Weissagung bittet. Der handlungsinterne Nutzen der Weissagung bleibt jedoch weit hinter den Erwartungen des Helden und des Lesers zurück: Die Sibylle spricht zwar von den zukünftigen *horrida bella* (V. 86) und der ausstehenden Hochzeit mit Lavinia, gibt jedoch keine konkreten Handlungsanweisungen wie etwa Teiresias gegenüber Odysseus; ihre Prophezeiungen „konterkarieren [vielmehr] die Vorstellung von göttlichem Beistand"[29]. Dennoch erfüllt Aeneas durch das Hören der Prophezeiung den ersten seiner beiden Aufträge, indem er dem Orakelspruch des Sehers Helenus folgt

---

[27] Aeneas als Held zu bezeichnen, ist zu diesem Zeitpunkt im Epos höchst fragwürdig, wie sich in der weiteren Untersuchung zeigen wird (vgl. II, 2b); die Bezeichnung wird jedoch zunächst der Themenstellung wegen beibehalten.
[28] QUITER, Aeneas und die Sibylle, S. 57
[29] PLATTHAUS, Höllenfahrten, S. 110

(Buch III, 441 f.). Die Sibylle kann jedoch nur Auskunft geben über die nähere, individuelle Zukunft des Aeneas, die universale Zukunft und geschichtliche Bestimmung wird dem Helden nur durch Anchises in der Unterwelt offenbart.

In einer zweiten, gebetsähnlichen Rede trägt Aeneas nun den Anlass seines Aufenthaltes in Cumae vor und bittet, den Anweisungen Anchises' folgend, die Sibylle um Führung in den Hades durch den hier befindlichen Eingang. Hier verändert sich die Position der Sibylle deutlich: Zuvor noch übermenschliche Prophetin und Sprachrohr der göttlichen Wahrheit und der *fata*, wird sie nun zur bloßen Führerin degradiert. Ihre Qualifikation zur Führung gibt Vergil durch die Erklärung, Hekate selbst habe sie mit der Unterwelt vertraut gemacht.

Die Sibylle fügt sich dem Wunsch des trojanischen Helden, macht ihn aber auf die zuvor zu erfüllenden *munera* aufmerksam, die als Voraussetzungen für den Einlass in den Hades fungieren.

Zunächst nennt sie die Beschaffung des goldenen Zweiges der Persephone. Diesen wird Aeneas mit Unterstützung durch seine Mutter Venus in einem Hain am Avernus finden, durch ihn den Zorn des Charon beschwichtigen und ihn schließlich als Geschenk an den unterirdischen Palast der Persephone heften. Die Bedeutung dieses „märchenhaften"[30] Motives, das in der antiken Literatur singulär und wohl den Mysterien entlehnt ist, lässt sich nur anhand der zugrunde liegenden Quellen klären. Aufschlussreich ist in diesem Zusammenhang der von Vergil vorgenommene Vergleich mit einem *viscum* (vgl. V. 205): Wegen ihres winterlichen Wachstums in antiker Mythologie als Todessymbol und als Mittel zur Abwehr höllischer Mächte verbreitet, steht die Mistel zugleich in enger Verbindung zum Gegenteil des Todes, zum Leben. Vergil weist mehrfach auf die Verborgenheit des Zweiges hin (vgl. V. 136 f.) und tatsächlich findet Aeneas ihn in dem großen Hain nur dank der Tauben, die Venus auf sein Flehen um Hilfe schickt und die im den Weg zeigen. Die Schwierigkeit der Aufgabe – auch nach dem Finden sträubt sich der Zweig dagegen, gepflückt zu werden – verdeutlicht Aeneas, dass er wider die natürliche kosmologische Ordnung handelt, indem er als Lebender Einlass in das Reich der Toten begehrt; auch Sibylle hatte ihn zuvor auf die Ungeheuerlichkeit seines Vorhabens verwiesen: *quod si tantus amor menti, si tanta cupido bis Stygios innare lacus, bis*

---

[30] NORDEN, Aeneis Buch VI, S. 164

nigra videre (V. 133 f.).Dass Aeneas das *munus* dennoch bewältigt verdeutlicht erneut seine Sonderstellung: Wer auf göttliche Weisung handelt und von höherer Instanz zur Katabasis berufen ist, der „findet auch den Schlüssel zur Unterwelt"[31].

Noch eine weitere Bedingung muss Aeneas erfüllen, bevor er den descensus beginnen kann: Sibylle fordert zum Begräbnis eines verstorbenen Freundes auf, von dessen Tod Aeneas nichts weiß und den die Sibylle hier namenlos lässt. Bei den Schiffen angekommen, erfährt Aeneas, dass sein Gefährte Misenus, der Sohn des Aeolus, wegen seines Muschelspiels durch Triton ertränkt wurde. Neben der rein ätiologischen Verknüpfung zum Kap Misenum[32] bei Neapel und der Orientierung an dem Tod des Elpenor in der homerischen Vorlage greift Vergil hier ein Motiv der Mysterien auf: Unmittelbar vor dem Abstieg in die Unterwelt muss eine Todeserfahrung gemacht werden. Anders formuliert: Erst der Tribut an den Tod öffnet den Weg zum Hades[33].

So dienen auch die Opferrituale, die Aeneas vor dem descensus durchführt, der Huldigung der Gottheiten des Hades, insbesondere Persephones. Darauf verweist auch die schwarze Farbe der Opfertiere (vgl. V. 243 f.)[34] sowie die Vierzahl der geopferten Stiere, die als gerade Zahl den Unterirdischen heilig war[35].

3. Schwellen

Nach der Vollendung der *munera* beginnen Aeneas und die Sibylle den Abstieg in die Unterwelt, alle anderen hatte Sibylle zuvor mit dem Ruf *procul o procul este, profani.* [...] *totoque absistite luco* (V. 258 f.) ausgeschlossen. Jenseits der Vorhalle, in der sämtliche Schrecken der Menschheit – über Sorge, Furcht und Krankheit bis hin zum Tod – lauern, gelangen sie an den unterirdischen Fluss Acheron, über den der Fährmann Charon die (begrabenen) Toten in den Hades übersetzt und der die erste Schwelle darstellt, die der Held in seinem Abstieg in die Tiefen der Unterwelt überwinden muss. Denn in Charons Wahrnehmung sind die Lebenden hier Eindringlinge, die auf die Frevelhaftigkeit ihres Aufenthaltes an den Ufern des Totenflusses aufmerksam gemacht werden müssen und denen er mit Misstrauen begegnen, insbesondere aufgrund der Waffen des Aeneas; diese erinnern ihn an andere Besucher der Unterwelt, die in böswilliger Absicht

---

[31] QUITER, Aeneas und die Sibylle, S. 69
[32] Vgl. NORDEN, Aeneis Buch VI, S.197
[33] QUITER, Aeneas und die Sibylle, S. 81
[34] LEHR, Religion und Kult in Vergils Aeneis, S. 79
[35] a.a.O., S. 89

kamen. Erst das Vorzeigen des Goldzweiges als Symbol ihrer göttlichen Legitimation verhilft Aeneas und Sibylle zur Überwindung des Fährmannes und damit des Flusses. Der einzige Faktor, der die Überfahrt noch erschwert, ist das Gewicht des Helden, das der für die schwerelosen Seelen gedachte Kahn kaum zu tragen vermag.

Jenseits des Flusses muss ein weiterer Wächter der Unterwelt, der riesige dreiköpfige Höllenhund Cerberus, überlistet werden. Offensichtlich kann dieser aufgrund seines animalischen Geistes nicht durch den goldenen Zweig als Erkennungszeichen besänftigt werden; Sibylle muss zu einer List greifen und den sonst immer wachsamen und so den Eintritt in den Hades verhindernden Hund mit einem mit Schlafmittel versetzten Honigkloß in den Schlaf versetzen.

4. Kontakt zu den Seelen Verstorbener
Vergil gliedert den descensus in Bezug auf den Kontakt mit den Seelen Verstorbener in zwei große Abschnitte. Im ersten begegnet Aeneas Personen, die er zu Lebzeiten gekannt hat und die eine Etappe seiner Reise und damit einen Zeitabschnitt der Vergangenheit repräsentieren. In Dialogen mit diesen wird die Vergangenheit aufgearbeitet bzw. abgeschlossen. Im zweiten Teil gelangt Aeneas ins Elysium und trifft dort auf die Seele seines Vaters Anchises, der ihm Ausblick auf seine persönliche und auch auf die universal-geschichtliche Zukunft gibt.

Als Übergangsfigur in die Welt des Todes fungiert, wie bereits aufgezeigt, Misenus, der jüngst verstorbene Gefährte des Aeneas, der die vergilische Entsprechung des Elpenor bei Homer darstellt.

a) Die Seele des unbegrabenen Palinurus
Ebenfalls in Analogie zu der Odyssee trifft Aeneas im Hades zunächst auf die Seele eines Unbegrabenen, seines Gefährten Palinurus, der den Styx als Schwelle zur Unterwelt nicht überschreiten kann. Der Steuermann, der erst auf der letzten, am Ende des fünften Buches beschriebenen Reiseetappe, der Seefahrt „von Libyen her" (V. 338), aufgrund des Zorn des Merkur von Bord gegangen war, erzählt Aeneas seine traurige Geschichte und lässt dadurch diese letzte Etappe der Reise wieder aufleben.[36] Auffällig ist hierbei

---

[36] Er sei nicht ertrunken, sondern lebend an Italiens Küste angeschwemmt worden, wo ihn eine *gens crudelis* (V. 359) erstochen und seinen Körper unbestattet dem Meer übergeben habe.

die Verknüpfung von Vergangenem und dem zukunftskündenden Orakel des Apoll, das zuvor Palinurus sichere Ankunft in Italien geweissagt hatte, was Aeneas nun „trüge-risch" (V. 344) vorkommt. Doch formal hat das Orakel recht behalten. Die Verkündi-gung der Zukunft war richtig, sie war nur falsch verstanden worden. Nun aber ist es Pa-linurus' Los, hundert Jahre lang diesseits des Styx umherzuschweifen, bevor er vom Fährmann Charon übergesetzt wird und in den Hades eingehen kann. Dadurch erklärt sich seine Bitte um Mitnahme über den Fluss, sein Verlangen, in den Hades zu gelan-gen; als die Sibylle, die hier an Aeneas Statt antwortet, ihn auf die Verwerflichkeit die-ses Wunsches hinweist[37] und so jegliche Diskussionen beendet, lässt er sich auf eine Be-erdigung vertrösten. Die Sibylle trennt hier durch rigoroses, die „tieferen Zusammen-hänge"[38] beachtendes Eingreifen die Verbindung des Aeneas zu Palinurus und damit zu dem jüngsten Teil seiner Vergangenheit.

b) Die Begugnnung mit Dido

Jenseits des Flusses und nach Überwindung des dreiköpfigen Höllenhundes Cerberus führt Vergil seinen Helden durch die Begegnung mit Dido einen weiteren Schritt auf der Zeitachse zurück und imitiert dabei die Begegnung von Odysseus und Aias, dem Tela-monier. Eingeleitet durch einen in Analogie zu Odysseus' Nekyia gestalteten Heroinen-katalog, der die Einbindung in epische Tradition sucht, versucht Aeneas der auf den *lu-gentes campi* (V. 441) weilenden Dido die durch das *fatum* gegebene Notwendigkeit für seine Abreise zu erklären und ihr seine Schuldgefühle angesichts ihres im Tod gipfeln-den Leides zu beteuern. Erst jetzt, wo er sie in der Unterwelt sieht, kann er sicher sein, dass die Nachricht von ihrem Selbstmord wahr ist. Der Versuch, die Vergangenheit auf-zuarbeiten und ihr seine Gefühle zu erklären, scheitert - wohl auch dadurch, dass er sich nicht auf ein Schuldbekenntnis beschränkt, sondern sich, wie bereits beim Abschied von ihr[39], auf die Götter als treibende Kraft und damit verantwortliche Instanz beruft und so Verständnis und Verzeihung fordert. Dido flüchtet zu ihrem Gatten Sychaeus, ohne auf Aeneas' Rede eingegangen zu sein – weder mit Worten noch mit mimischer Regung. Da Aeneas selbst diese Begegnung als letzte bezeichnet (V. 466) und damit als letzte Möglichkeit, Frieden zu schließen, wird in dieser Szene durch Didos Weggehen die rö-misch-karthagische Feindschaft besiegelt. Dieser Eindruck wird dadurch verstärkt, dass Dido und Aeneas trotz ihrer emotionalen Haltung zueinander nicht ausschließlich als

---

[37] VERGIL, Aeneis VI, V. 373-376
[38] QUITER, Aeneas und die Sibylle, S. 93
[39] Vgl. VERGIL, Aeneis IV, V. 331-361

Privatpersonen, als Mann und Frau, auftreten, sondern deutliche Attribute ihrer Führerschaft über ihre Völker genannt werden.

Zugleich jedoch bedeutet der Abschluss ihrer Verbindung für Aeneas auch den Abschluss der Auf- und Verarbeitung seiner Vergangenheit in Karthago und eröffnet damit den Weg zu einer Zukunft, die nicht im Zeichen der vergangenen Verluste steht. Dieser Bruch zeigt sich besonders im Verhalten des Aeneas am Ende der Szene: Zunächst weint er, unglücklich über ihren Fortgang, dann jedoch eilt er – gleichsam als Symbol für seine *pietas* und seine Fügung gegenüber dem Schicksal - „den gewiesenen Weg" (V. 477) weiter.

c) Seelen aus Aeneas' trojanischer Vergangenheit

Parallel zu dem Absteigen in die tiefere Unterwelt schreitet auch der Weg in die Tiefen der Zeit voran. In der Begegnung mit den griechischen und trojanischen Helden auf den *arva ultima* (V. 477) beschwört Vergil für seinen Helden den trojanischen Krieg und den Fall seiner Heimatstadt erneut herauf und schlägt so einen Handlungsbogen zum Beginn der Irrfahrten. Aeneas hatte Troja in den vorausgegangen fünf Büchern nachgetrauert und sich nach seiner Heimat gesehnt. Exemplarisch kann dieses Motiv der Sehnsucht nach der Vergangenheit an der Szene im „kleinen Troja" bei Andromache und Helenus gezeigt werden, in dem sich das schmerzhafte Verlassen der Heimat noch einmal zu wiederholen scheint[40]. Dieses Motiv der Sehnsucht und der Trauer um die verlorene Heimat greift Vergil auch hier auf, indem er Aeneas während des Betrachtens der „im Krieg gefallenen Dardanersöhne" (V. 481 f.) seufzen lässt. Es besteht offensichtlich noch eine enge emotionale Verbindung zwischen ihm und den ehemaligen Gefährten, unter denen er zuerst Tydeus, Parthenopaeus und Adrastus, drei „thebanische Helden"[41], anschließend sechs trojanische Helden nennt. In der Begegnung mit ihnen scheint Aeneas Gefahr zu laufen, sich allzu sehr in der Vergangenheit zu verlieren und den eigentlichen Grund seiner Katabasis zu vergessen. Die Illusion der wieder präsenten Vergangenheit wird durch das Verhalten der griechischen Kriegsgefallenen noch verstärkt: Sie bewahren ihre schon zu Lebzeiten charakteristische Furcht vor dem trojanischen Helden und flüchten. Zudem zeigt sich hier eine auffällige Analogie zwischen der Wirkung des bewaffneten Aeneas auf die toten Griechen und der des Schwertes des Odysseus, das die Toten vom Blutopfer fernhält[42].

---

[40] Vgl. VERGIL, Aeneis III, V. 349 ff.
[41] NORDEN, Aeneis Buch VI, S. 258
[42] PLATTHAUS, Höllenfahrten, S. 113 f.

Bei der darauf folgenden Begegnung mit seinem Verwandten Deiphobus, dem Sohn des Priamus, wiederholt sich für Aeneas die letzte Nacht in Troja und die schrecklichen Geschehnisse während des Falls der Stadt werden ihm wieder unmittelbar vor Augen geführt. So trägt der Schatten des verstorbenen Kameraden noch immer die eines Kriegers unwürdigen Verstümmelungen und Verletzungen, die der Körper im Tod erlitten hat – sein Schatten hat also die Gestalt des Getöteten behalten und repräsentiert so auch körperlich die Vergangenheit. Hier baut Vergil eine Analogie zum Bruder des Toten, Hektor, auf, dessen Leichnam von Achilles grausam verunstaltet worden ist und den Aeneas, als dieser ihm im Traum erscheint, ähnlich begrüßt wie nun Deiphobus[43]. In seiner Erklärung, dass er durch die Intrige Helenas zu Tode gekommen sei, nimmt Deiphobus nicht nur das von Homer bei Agamemnon verwendete Motiv der Unehrenhaftigkeit der Frauen auf, sondern gibt seinem Gesprächspartner – und auch dem Leser – zugleich einen Rückblick auf die Motivation des trojanischen Krieges. Obwohl zeitlich in der Unterwelt noch präsent, hat sich der Kreis des Krieges durch die Tat Helenas geschlossen. Am Ende des trojanischen Krieges, der wegen des Raubes der Gattin des Menelaus begonnen wurde, steht Helenas Beihilfe zum Mord an ihrem dritten Ehemann Deiphobus durch die Hand ihres ersten Mannes, in der Hoffnung, *famam extingui veterum sic posse malorum* (V. 527). Durch die Frage, welchen Zweck Aeneas mit der Katabasis verfolge, wendet Deiphobus das Gespräch zwar der Gegenwart zu, hält Aeneas durch seine Person jedoch weiter im Banne der Vergangenheit. Vergil macht hier deutlich auf die Gefährdung des Ziels der gesamten Katabasis aufmerksam: *fors omne datum traherent per talia tempus* (V. 537). Aeneas Vergangenheitsbezogenheit, die die vorausgegangenen fünf Bücher geprägt hat, erweist sich auch hier als Problem. Als Retterin dieser Situation fungiert die Sibylle, indem sie Aeneas energisch zurechtweist, er solle die Stunden nicht „durchjammern" (V. 539). Damit deutet sie an, dass die Katabasis innerhalb einer begrenzten Zeitspanne abgeschlossen sein muss[44], ein Element, dass Vergil als gegeben übernahm und dass auch später bei Dante fortbestehen wird. Die Zurechtweisung der Sibylle ist durchaus allgemein und nicht speziell auf Deiphobus bezogen zu sehen; denn auch zuvor hatte Aeneas sich trotz Zeitdrucks in Gesprächen mit ehemaligen Gefährten verloren. Die Priesterin fordert hier nicht nur das Ende des Dialoges mit seinem Verwandten, sondern die radikale Abkehr von seiner Vergangenheit und die Be-

---

[43] Vgl. VERGIL, Aeneis II, V. 285 f. *quae causa indigna serenos foedavit voltus aut cur haec volnera cerno?* und Buch VI, V. 501 f. *quis tam crudelis optavit sumere poenas, cui tantum de te licuit?*
[44] Vgl. auch die Anmerkung zum Tor der falschen Träume auf S.27

sinnung auf die bevorstehenden Aufgaben. Offensichtlich ist ihr Erfolg beschieden:
Zwar lässt es sich Deiphobus nicht nehmen, einige Abschiedsworte an Aeneas zu rich-
ten, diese weisen jedoch nicht auf gemeinsam erlebte Stunden zurück, sondern eröffnen
in dem Wunsch, Aeneas mögen *meliora fata* (vgl. V. 546) zuteil werden, eine Zukunftsperspektive.

d) Die mythologischen Figuren als zeitlose Ebene

Die neue Ausrichtung auf Kommendes spiegelt sich nun auch in Aeneas Verhalten wider. Statt wie zuvor Gespräche mit ehemaligen Kameraden in den Mittelpunkt seiner
Aufmerksamkeit zu stellen, konzentriert er sich jetzt auf seine Umgebung (vgl. V. 548)
und wird der Wegscheide gewahr, bei dem der linke Weg zum Tartarus führt. In einer
dreigeteilten Einleitung[45] stellt Vergil zunächst unter Verwendung typischer Motive die
Schrecken dieses Teils der Hölle und ihres Einganges heraus[46]. Anschließend erzählt die
Sibylle in ihrer Rolle als Führerin auf die Frage des Aeneas, welche Verbrechen die
Sünder begangen haben und welche Strafen sie hier erleiden, von dem Geschehen jenseits der *sceleratum limen* (vgl. V. 563).

Die Sibylle nennt die Titanen, Tityos, Salmoneus und Theseus als typische Büßergestal-
ten der antiken Mythologie und beschreibt ihre Strafen und die Vergehen, für die sie
diese erleiden müssen. Zudem nennt Sibylle die Hintergründe der ewigen Bestrafung im
Tartarus: Brüdermörder, Frevler, Geizige, Ehebrüchige und Meineidige[47] – kurz diejenigen, die gegen die ethischen Gesetze verstoßen haben, würden hier ewige Qualen erleiden[48]. Die Sünder Theseus und Phlegyas verleihen in ihrem Ausruf „*discite iustitiam
moniti et non temnere divos*" (V. 620) Vergils mahnender Stimme „gegen Zwietracht,
Willkür und Bürgerkrieg"[49] Ausdruck. Die Zeitebene, die durch diese Konstruktion entsteht, ist anders als in den vorausgegangenen Begegnungen im Hades nicht ausschließlich vergangenheitsbezogen.

Die erwähnten mythischen Figuren konstituieren zwar eine zeitlose Ebene, Sibylle hält
als Erzählerin die Gegenwart jedoch aufrecht. Gestützt wird das Gefühl, an der Schwel-

---

[45] Vgl. NORDEN, Aeneis Buch VI, S. 272 f.
[46] Diese Beschreibung ist für die Betrachtung der Katabasis im Rahmen der Thematik „Vergangenheit
und Zukunft" nicht zentral und wird deshalb trotz ihrer interessanten Motivik vernachlässigt.
[47] Vergil bezieht sich hier zudem mit *arma secuti* (V.612) auf die Bürgerkriege. Vgl. dazu auch S.21
[48] Parallele zum christlichen Purgatorium; Gewalt, Trug und Verrat als „Dreieinigkeit des Bösen" bei
Dante; vgl. GIEBEL, Vergil, S. 95
[49] GIEBEL, Vergil, S. 95

le zu Tartarus und zum Palast des Pluto und der Persephone zwischen Vergangenheit und Zukunft zu stehen, durch die Stellung der Tartarusbeschreibung im Rahmen der Katabasis: Vergil beschreibt diese Szene nach dem Abschied des Aeneas von seiner Vergangenheit, aber bevor er seine Aufgabe im Rahmen der geschichtlichen Zukunft begreift; so kann man diese Sequenz wohl zu Recht „zeitlos-mythische Gegenwart"[50] nennen.

e) Bei Anchises im Elysium: Einblick in postmortale Mysterien

Nachdem Aeneas auf Anweisung seiner Führerin Sibylle den Goldzweig an der Schwelle des Palastes des unterirdischen Herrscherpaares niedergelegt hat und sich mit Wasser gereinigt hat, gelangen die beiden endlich in das Elysium, das Anchises Aeneas in seiner Traumerscheinung als seinen Wohnsitz genannt hatte. Bei der Beschreibung dieser Gefilde schafft Vergil ein deutliches Gegenbild zu Homers Unterwelt, die so dunkel und freudlos ist, dass Achilles lieber Ackerknecht auf Erden als Herrscher in der Unterwelt sein will. Vergil zeichnet ein helles, fröhliches Bild von diesem Teil der Unterwelt, es sei ein von Freude und Glückseligkeit (vgl. V. 638 f.) dominierter Ort. An diesem *locus amoenus* (V. 638) macht Aeneas eine „Lichterfahrung"[51]: Hier gibt es eine eigene Sonne und eigene Sterne und einen purpurnes Licht verströmenden Äther, eine Luftschicht der Götter. All das zeigt: Diejenigen, die hier weilen, sind dem Göttlichen näher als die übrigen Verstorbenen. Sie beschäftigen sich mit sportlichen, musikalischen oder tänzerischen Aktivitäten (im weitesten Sinne „kulturellen Beschäftigungen"[52]). Nach der Nennung einiger herausragender Personen wie des Orpheus als Personifikation des *vates* und des trojanischen Ahnherren Dardanus führt Vergil die allgemeinen ethischen Kriterien an, die zur Aufnahme in die *loci laeti* führen: Selig sind die Vaterlandsverteidiger, die frommen Priester und Seher sowie Künstler und Erfinder jeglicher Art. Hier muss die Sibylle, die Aeneas bisher kundig durch den Hades geführt haben, sich an Musaeus wenden, um den Aufenthaltsort des Anchises zu erfahren, sie gibt ihre Rolle als Führerin ab. Norden geht davon aus, dass Vergil hierbei ein Motiv einer älteren Katabasis, vermutlich der des Herakles, übernommen hat. In jedem Fall muss der Leser feststellen, dass die Kenntnisse der Sibylle offensichtlich trotz ihrer Einweihung in die Geheimnisse der Totenwelt durch die Zaubergöttin Hekate begrenzt sind und sie im Elysium eine Außenstehende bleibt, die sich an eine höher qualifizierte Person wenden muss. So ge-

[50] PLATTHAUS, Höllenfahrten, S. 115
[51] QUITER, Aeneas und die Sibylle, S.115
[52] GLÜCKLICH, Interpretationen und Unterrichtsvorschläge zu Vergils Aeneis, S. 90

langt Aeneas nun unter der Führung des Musaeus und in Begleitung der Sibylle zu seinem Vater. Er erreicht das Ziel der Katabasis. Anchises' Beschäftigung, die Seelen der künftigen Römer zu mustern und damit die Erfüllung des *fatums* zu beobachten und zu fördern, steht in deutlichem Gegensatz zu der persönlich-emotionalen Begrüßung von Vater und Sohn. Hierbei wird ein letztes Mal Bezug auf Vergangenes genommen, indem Anchises seiner ehemaligen Befürchtung, Aeneas hätte in Karthago von seinem durch das *fatum* bestimmten Weg abkommen können, Ausdruck verleiht. Die Antwort des Aeneas, dass die *tristis imago* (V. 695) des Vaters ihn sogar bis in die Unterwelt hinabgeführt habe, verdeutlicht neben seiner Liebe zu Anchises vor allem seine *pietas* gegenüber dem Schicksal und den nun endgültigen Abschied von seiner Vergangenheit in Troja und während den Irrfahrten. Auch die Tatsache, dass Aeneas seinen verstorbenen Vater trotz dreimaligen Versuches nicht umarmen kann – wie auch Odysseus während seiner Nekyia seine Mutter nicht in die Arme schließen konnte-, verdeutlicht die Zukunftsbezogenheit der gesamten Szene: Physisch nicht wie zu Lebzeiten greifbar, wird Anchises seiner Rolle als Verkünder des *fatum* und Führer durch die künftige römische Geschichte viel eher gerecht.

Bevor er jedoch diese Aufgabe erfüllen kann, in der Absicht, Aeneas in seiner Freude über das Erreichen Italiens zu bestärken, muss er die verwunderte Frage seines Sohnes beantworten, warum sich so viele Seelen am Ufer des Lethestroms drängen würden. Die Erklärung, sie würden dort Vergessen trinken (vgl. V.714 f.)[53], bevor sie wieder in einen Körper eingehen, erschreckt Aeneas offensichtlich.

Die erneute Inkarnation scheint ihm unbegreiflich, das Streben, wieder in die Oberwelt zu gelangen, kann er nur als *dira cupido* (V. 721) bezeichnen. Das Leben betrachtet Aeneas nicht als Geschenk, vielmehr durchzieht seine Todessehnsucht große Teile der *Aeneis*. Seine Hoffnung auf endgültige Ruhe im Elysium sieht er hier zerstört und sich um die „Hoffnung auf endgültige Heimkehr in die friedlichen elysischen Gefilde betrogen"[54]. Hier distanziert sich Vergil in seiner Darstellung des Lebens nach dem Tod erneut deutlich von Homer, nach dem die Seelen, sobald es ihnen durch Nekyomantie ermöglicht wird, nach oben streben, um durch das Trinken des Blutes kurzzeitig am Leben teilhaben zu können. Aeneas Position ist dazu gegensätzlich: Er will schon im Le-

---

[53] Vgl. zur Thematik des Vergessens auch II. 3
[54] PLATTHAUS, Höllenfahrten, S. 116

ben den Tod – Michael von Albrecht bezeichnet ihn als „Überlebende[n] wider Willen"
[55]- und nach dem Tod keinesfalls wieder in die Oberwelt aufsteigen. Anchises erklärt ihm daraufhin die Mysterien der Welt und das eschatologische Schicksal der menschlichen Seelen, seine erste große Offenbarung gegenüber dem Sohn.[56]

Mit seiner Erklärung der Seelenwanderung und der Wiedergeburt antizipiert Anchises für seinen Sohn die Geheimnisse, die sonst erst im Tod erfahren werden und gewährt ihm Einblick in die ordnende Kraft des Kosmos, in der sich Vergangenheit, Gegenwart und Zukunft als „sinnvolle Einheit"[57] zeigen.

5. Die Heldenschau

Anschließend geht Anchises zu dem eigentlichen Grund für Aeneas' Katabasis über. Bereits im fünften Buch hatte er seinem Sohn im Traum erklärt, er wolle ihm zeigen *genus omne [...] et, quae dentur moenia*[58]. Das Ziel der Katabasis ist also Aeneas' Erkenntnis des *fatum* in der nahen und fernen Zukunft. Dementsprechend leitet Anchises auch seine Rede, die er inmitten der Versammlung der künftigen Römer im Lethehain hält, mit einem programmatischen Ausblick auf die folgende Römerschau ein: Er wolle seinem Sohn von dem künftigen Ruhm seiner Nachfahren erzählen und ihn so durch Verdeutlichung des endgültigen Ziels seiner geschichtlichen Aufgabe auf seinem eigenen schweren Schicksalsweg bestärken.

a) Grundlegendes zur Anchisesrede

Voraussetzung für die Heldenschau ist die Präexistenz der Helden im Lethetal. Diese tragen - anders als die vorher genannte Seelenklassen – bereits die Gestalt, die sie zu Lebzeiten haben werden (pränatal), sind sogar schon mit den Insignien ihrer Ämter ausgestattet. Hier zeigt sich unter Einbeziehung der vorhergegangen Begegnungen mit den Toten ein logischer Bruch: Die Seelen der Dido, des Palinurus, der römischen und griechischen Helden und auch des Anchises sind schattenhafte Abbilder ihres vorhergegangenen Lebens. So trägt Deiphobus Seele sogar noch immer die gräßlichen Wunden, die ihm im Tod beigebracht wurden. Hier gerät die poetische Absicht in Konflikt mit der philosophisch-theologischen Lehre. Norden erklärt hierzu überzeugend, Vergil habe die

[55] zitiert in: GIEBEL, Vergil, S. 96
[56] Ausführliche Darstellung vgl. unten S. 32
[57] BÜCHNER, Vergils Aeneis, S. 31 in: Der Altsprachliche Unterricht, Reihe IV, Heft 2, 1959
[58] VERGIL, Aeneis V, V. 737

gängige Vorstellung, dass die Seelen im Jenseits Eidola ihres früheren Lebens sind, bei der Heldenschau umändern müssen, um eine plausible Grundlage für die Präexistenz der Helden im Hades zu schaffen[59].

Anchises muss eine besondere Qualifikation aufweisen, wenn er als Führer durch die zukünftige römische Geschichte fungieren kann. Er muss Einsicht in das Konzept des göttlichen *fatum* haben. Anchises scheint hierfür besonders geeignet, da er bereits während der Irrfahrten Deuter des göttlichen Willens und damit Lenker seines Sohnes auf sein *fatum* hin gewesen war.[60]

Die Anlage der Heldenschau bedingt ein vielschichtiges Zeitgefüge: Die Gegenwartsebene bildet im Rahmen des Epos der Dialog zwischen Vater und Sohn, darüber spannt sich in dem Ausblick auf die kommenden Helden Roms für sie eine Zukunftsperspektive; für den Dichter und den römischen Leser sind die von Anchises erzählten zukünftigen Heldentaten und Gründungsakte auf dem Weg zur Größe Roms unter Augustus jedoch bereits vergangen, diese betrachten insofern die Vergangenheit.

Die Anchisesrede, die neben der Jupiterrede (Buch I) und der Schildbeschreibung (Buch VIII) einen der großen Ausblicke des Epos auf die römische Geschichte darstellt, gliedert sich in drei große Abschnitte, die jeweils eine Personengruppe umfassen und mit einer Sentenz enden. Die Personen sind nicht rein chronologisch geordnet, sondern verdeutlichen im Rahmen ihrer Gruppe eine besondere Leistung für die *res romanae*. Zudem treten nicht alle bedeutenden Personen der römischen Geschichte auf. Vielmehr geht es Vergil darum, „an bestimmten *exempla* das Wesen der Römer"[61] festzumachen und die Leistungen dieses Volkes aufzuzeigen, aber auch auf die Gefahren seiner Wesenszüge hinzuweisen.

b) Die erste Gruppe zukünftiger Helden: Gründung und Ausdehnung Roms
Die erste Gruppe umfasst die römischen Herrscher von den Königen aus Alba Longa bis Augustus, die sich um die Eroberung der *terrae regendae* verdient machen werden. Anchises beginnt mit seinem eigenen Enkelsohn Silvius, den Aeneas' spätere Gemahlin Lavinia ihm gebären und der zu Stammvater der albanischen Könige werden wird. Un-

[59] Vgl. FOß, Die Ausbildung der Jenseitsvorstellungen, S. 115
[60] Zur Interpretation der Figur des Anchises im Rahmen der zeitlichen Dimensionen vgl. S. 30 f.
[61] BÜCHNER, Vergils Aeneis, S.33 in: Der Altsprachliche Unterricht, Reihe IV, Heft 2, 1959

ter diesen werden anschließend Procas, Capys, Numitor und Aeneas Silvius genannt, die für die Gründung späterer römischer Städte und die Verwirklichung des Herrschaftsauftrag Roms gerühmt und durch die Beschreibung ihrer herausragenden Leistungen der Sphäre des rein Menschlichen entrückt werden. Schließlich gelangt Anchises zu Romulus, dem Gründer Roms auf den sieben Hügeln. Dieser ist bereits in der Existenz vor der Geburt mit dem Kriegshelm seines Vaters Mars ausgestattet, wodurch Vergil deutlich auf den göttlichen Ursprung und die Legitimation des römischen Volkes zur Weltherrschaft verweist. Der erste Römer, der genannt wird, ist Gaius Julius Caesar. Wesentlich ausführlicher geht Anchises jedoch auf Kaiser Augustus ein: Er sei das Ziel, auf das die vom *fatum* gelenkte Geschichte hinweise, der Held, der Aeneas so oft verheißen worden sei (vgl. V. 791). Hier zeigt sich auch deutlich der Aspekt, der die Helden dieser ersten Gruppe untereinander verbindet: die Ausdehnung des römischen Reiches bis hin zur Weltherrschaft, die nicht in großen Eroberungen und Unterwerfungen, sondern in kleinen Gründungsakten ihren Anfang nimmt und in dem Reich des Augustus mündet. Dieses werde gigantische Ausmaße haben – Vergil spielt hier vor allem auf die Ausdehnungen im Osten an - und mit Augustus würden die *aurea saecula* (V. 792 f.) wiederkehren, die in der Jupiterrede im ersten Buch erläutert wurden:

aspera tum positis mitescent saecula bellis;
cana Fides et Vesta, Remo cum fratre Quirinuus
iura dabunt; dirae ferro et compagibus artis
claudentur Belli portae; Furor impius intus
saeva sedens super arma et centum vinctus aenis
post tergum nodis fremet horridus ore cruento. (Aeneis I, V. 291-296)

Das goldene Zeitalter ist geprägt durch die Freiheit von Gewalt und Krieg, die Tore des Janustempels bleiben wegen der *pax Augusta* verschlossen. Hier offenbart sich die besondere Bedeutung des Friedens für Vergil und seine Zeitgenossen, die den *furor impius* des Bürgerkriegs zwischen Caesar und Pompeius miterlebt haben. Das Motiv des inneren Krieges verarbeitet und kontrastiert der Autor hier in dem Motiv der Brüder Romulus und Remus; sogar diese werden in den *aurea saecula* nicht länger verfeindet sein, sondern gemeinsam Recht sprechen. Das Errichten des goldenen Weltzeitalters scheint vor diesem historisch-politischem Hintergrund durchaus als verständliches telos der Geschichte Roms in der Sicht Vergils.

Anchises zieht zudem den Vergleich zu den mythologischen Figuren Herkules und Bacchus. Ersterer könne sowohl in dem Durchstreifen großer Gebiete als auch in der Bewältigung schwieriger Heldentaten mit Augustus in Verbindung gebracht werden, letzterer wird von Vergil besonders aufgrund seiner Funktion als Gott der Prozessionen und Triumphzüge genannt; doch keiner der beiden könne neben Augustus bestehen. Nur die Analogien und der Verweis auf „das Göttliche" (V. 792) schlechthin seien angemessen, denn durch die Götter beziehe Augustus seine Legitimation. Angesichts dieser hymnischen Kündung von kommender Große, die als stufenweise „Enthüllung des transzendentalen Aspekts der *res romanae*"[62] gestaltet wird, beschließt Anchises den ersten Teil seiner Rede mit einer Mahnung an Aeneas, die er in Verdeutlichung der engem Vater-Sohn-Beziehung im kollektiven „Wir" formuliert und die darauf abzielt, den innerlich bisher nie von seiner Bestimmung ergriffenen Aeneas endlich für die glorreiche Zukunft einzunehmen. Der Vorwurf der Furcht (vgl. V. 807) wiegt vor dem Hintergrund der *virtus* als römische Nationaltugend besonders schwer und fordert hier Aeneas' absolute Fixierung auf das Ziel, die Gründung einer neuen Heimat in Latium, hin.

c) Die zweite Gruppe der Helden: Abhängigkeit Roms von menschlichem Schaffen
Die zweite Gruppe der Helden leitet Vergil mit Numa Pompilius, dem zweiten König von Rom, ein, wodurch er chronologisch an die Zeit unmittelbar nach Romulus anknüpft und einen Teil der zeitlichen Lücke zwischen dem Gründer Roms und dem Ende der Republik schließt. Auch wenn Numa noch mit hoheitlichen Attributen dargestellt wird, klingt in dem Katalog seiner Leistungen – der Festigung der Stadt durch *leges*, *mores* und *religio* – bereits ein anderer Aspekt des römischen Staates an. Nicht die göttliche Legitimation der *res romanae* will Anchises in diesem Abschnitt der Heldenschau verdeutlichen, sondern sie als etwas auf die menschlichen Bemühungen und Fertigkeiten Angewiesenes darstellen[63]. Die Gefährdung des Römertums wird angedeutet in der Person des Kriegerkönigs Tullus Hostilius, *qui rumpet [otia] patriae* (V. 813). Ihm folgt Ancus Marcius, der als „zu prahlerisch" (V. 815) beschrieben wird und trotz enormer Vergrößerung der Macht Roms die *patria* in Unruhe versetzen wird, und als erneute Steigerung und Gipfel der inneren Unruhen schließlich Tarquinius Superbus, der letzte König Roms, der durch Lucius Iunius Brutus vertrieben werden wird.

---

[62] KREFELD, Interpretationen, S. 101
[63] KREFELD, Interpretationen, S. 102 f.

Letzterer leitet eine neue Teilgruppe ein, die bis zum „zweiten Gründer Roms" – Marcus Furius Camillus – reicht und deren Personen durch ihren „selbstlosen Einsatz und [ihre] heldenmütige Aufopferung"[64] charakterisiert sind. So opfert Brutus seine eigenen Kindern „zum Schutz der jungen, strahlenden Freiheit"(V. 821). Diesen Männern, die sich um das Wohl des römischen Staates verdient gemacht haben, folgen – namentlich nicht genannt, aber anhand der Nennung ihres Aufenthaltsort und ihrer verwandtschaftlichen Beziehung zu identifizieren – Caesar und Gnaeus Pompeius Magnus, die den Staat in blutigem Bürgerkrieg entzweireißen. Angesichts dieser schrecklichen künftigen Ereignisse spricht Anchises seine zweite Mahnung aus. In dieser appelliert Vergil durch Anchises zunächst an den römischen zeitgenössischen Leser: *ne, pueri, ne tanta animis adsuescite bella neu patriae validas in viscera vertite viris* (V. 833 f.). Die Anrede „Söhne" baut hier einen direkten genetischen Zusammenhang zwischen Anchises – und damit Aeneas – und den Römern zur Zeit des Augustus auf. An den durch Anchises vorhergesagten, für den römischen Leser jedoch bereits vergangenen Wirrnissen des Bürgerkrieges ist nichts mehr zu ändern, weder in der realen Welt noch in der fiktiven Welt des Epos, in dem diese zwar noch nicht geschehen, jedoch bereits determiniert sind. Genauso paradox scheint beim ersten Betrachten der zweite Teil der Mahnung des Anchises, die sich an Caesar selbst richtet und ihn auffordert, das Schwert aus der Hand zu legen (vgl. V. 835). Doch Vergil lässt Anchises hier nicht nur die Schrecken des vergangenen Bürgerkriegs artikulieren und damit seine eigene Wertschätzung des Friedensreich des Augustus zum Ausdruck bringen, sondern spricht, indem er den Bürgerkrieg zwischen Caesar und Pompeius als ein für die *res romanae* düsteres Kapitel anführt, eine zeitlose Warnung vor Kriegen im Inneren des Staates im allgemeinen aus.

d) Die dritte Gruppe zukünftiger Helden: Weltgeschichtliche Aufgabe der Römer

Das Charakteristikum der dritten Gruppe der künftigen Helden, die Anchises seinem Sohn vorstellt, ist ihre Bedeutung für den Aufstiegs Roms zur Weltherrschaft, die durch menschliche Anstrengungen und Einsatz erreicht und aufrecht erhalten werden kann. Unter ihnen werden zunächst Mummius, der Eroberer Korinths und Triumphator, und Paullus, der Sieger über Makedonien, beschrieben, wenn auch namentlich nicht genannt, und für ihre außenpolitischen Siege gerühmt. Diese Römer werden für die Trojaner eine späte Rache an den Griechen üben (vgl. V. 840). Zugleich klingt in der Rache an den Eroberern Trojas das Motiv der Feindschaft aus, sodass auch dieser Bereich der

---

[64] KREFELD, Interpretationen, S. 103

Vergangenheit für Aeneas abgeschlossen wird.

Die folgenden Helden redet Anchises nun direkt mit „du" an, deutet ihre Verdienste jedoch nur kurz an. Marcus Porcius Cato, Cossus, Fabricius, Serranus und Fabius Maximus waren dem römischen Leser jedoch so vertraut, dass es keiner genaueren Beschreibung bedurfte, um sich an deren *bellica virtus, continentia* und *patientia* erinnert zu fühlen[65]. Zugleich bereiten diese Helden durch Mahnung zur Imitation die folgende Angabe der weltgeschichtlichen Aufgabe der Römer vor:

Excudent alii spirantia mollius aera -

credo equidem - vivos ducent de marmore voltus;

orabunt causas melius caelique meatus

describent radio et surgentia sidera dicent:

tu regere imperio populos, Romane, memento –

haec tibi erunt artes – pacique inponere morem,

parcere subiectis et debellare superbos. (V. 847-854)

Zur Nennung der Bestimmung der Römer leitet die Anerkennung der Überlegenheit der mit *alii* bezeichneten Griechen im künstlerischen, rhetorischen und astronomischen Bereich über. In Abgrenzung von dieser fremden Lebensart kann die gegensätzliche Aufgabe der Römer umso deutlicher formuliert werden: Staatskunst sei die *ars* des römischen Volkes, es solle den göttlichen, „metaphysisch verankerten"[66] Weltplan mit politischer und militärischer Leistung verwirklichen und seine Herrschaft über die anderen Völker aufbauen und festigen. Die gottgegebene Legitimation der Machtausübung lässt Vergil Anchises mit *memento* formulieren und aus ihr ergibt sich das Bild des römischen Volkes als Zivilisations- und Friedensbringer, als Verbreiter der *pax Augusta*. Hier eröffnet sich eine Perspektive für den römischen Leser, eine andere für Aeneas; beide Adressaten sind durch die Anrede *Romane* erfasst. Für Aeneas offenbart sich auf dem Höhepunkt der Römerschau eine glänzende Zukunftsaussicht, in der der Herrschaftsanspruch seines Volk ausgesprochen wird. Zugleich wird seine vom *fatum* bestimmte Form der Selbstverwirklichung klar benannt: ein Römer definiere sich über militärische Leistungen, nicht über private Ziele, wie Aeneas sie noch im vierten Buch ge-

---

[65] Vgl. KREFELD, Interpretationen, S. 106

[66] KREFELD, Interpretationen, S. 106

genüber Dido formuliert hat.[67] Der römische Leser zu Zeiten Vergils erhält hier die Antwort auf den geistigen Widerstreit mit den Griechen.

e) Klage um Marcellus

Nach dieser Offenbarung der weltgeschichtlichen Aufgabe der Römer stellt Anchises seinem Sohn Marcus Claudius Marcellus vor, der einer der Generäle im zweiten punischen Krieg sein wird und durch die Attribute eines strahlenden Helden und Retters Roms ausdrücklich für kommende Taten gerühmt wird. Mit dieser Rückkehr von der Erzählung des Anchises über die römische Bestimmung auf die textimmanente Gesprächssituation zwischen Anchises und Aeneas (und der Sibylle) lässt Vergil Anchises an die dritte Gruppe der *summi viri* anschließen und leitet zugleich zum letzten Element der Heldenschau über, zur Klage über den frühen Tod des gleichnamigen Neffen des Augustus. Dieser ist der einzige Held der gesamten Versammlung, nach dem sich Aeneas aktiv erkundigt; zuvor hat er nur staunend (vgl. V. 854) gelauscht, hier aber erkundigt er sich explizit nach jenem *virum qui sic comitatur euntem* (V. 863). Seine Stattlichkeit ist eines der Charakteristika, die Aeneas auffallen, ein anderes jedoch die *nox atra* (V. 864), die ihn umgibt. Die Antwort des Anchises, die er unter Tränen (vgl. V. 867) gibt, erklärt diese Erscheinung: Es sei Marcellus, der trotz seines Potenzials zum höchsten Idol römischer Tugend vor seiner Zeit sterben wird. Anchises lobt in seiner Totenklage die Taten des Neffen des Augustus Oktavian in Analogie zu der römischen *laudatio funebris*[68] und konkretisiert seine Trauer in der Formulierung, er wolle über seinen Enkel Lilien und purpurne Blüten streuen (vgl. V. 883-886).

Vergil drückt hier nicht nur sein Mitgefühl über den Verlust des geliebten Neffen und potenziellen Nachfolgers des Augustus aus, sondern verdeutlicht darüber hinaus „das Leid, das mit der geschichtlichen Existenz des Menschen verbunden ist"[69]. Selbst im goldenen Zeitalter unter dem „Friedenskaiser", in dem Moment der Erfüllung des *fatum* und des Triumphes, existieren persönliches Leid und Verluste. Vergil verzichtet darauf, einseitig die Geschichte Roms zu glorifizieren, sondern spricht auch düstere Phasen an. Neben den ruhmreichen Taten und der göttlichen Legitimation der römischen Weltherrschaft kommen in der Heldenschau auch die Hinfälligkeit des menschlichen Daseins

---

[67] Vgl. GLÜCKLICH, Interpretationen und Unterrichtsvorschläge zu Vergils „Aeneis", S. 101; in IV, 340-344 verleiht Aeneas seinem, dem *fatum* entgegengesetzten Wunsch Ausdruck, Troja neu zu erbauen.
[68] Vgl. ALTEVOGT, Vergil, S. 107
[69] BÜCHNER, Vergils Aeneis, S.31 in: Der Altsprachliche Unterricht, Reihe IV, Heft 2, 1959

und die Härte der Welt in realistischer Darstellung zum Ausdruck. Giebel bringt diese Phänomen auf den Punkt: Sie nennt es „Tränen im Triumphe"[70].

f) Telos des Ausblickes auf die römische Zukunft

Nach diesen Ausblick auf die geschichtliche Zukunft und nach ihrer Antizipation im Rahmen des Epos wird noch einmal das Ziel dieser Episode benannt. Anchises nimmt durch seine Rede das Herz seines Sohnes für den künftigen Ruhm seines Volkes ein (vgl. V. 889). Hiermit intendiert der Vater, der hier gleichsam als „Gewissen" seines Sohnes auftritt, indem er ihn seine Verantwortung für künftige Generationen und so die volle Tragweite seiner Aufgabe vor Augen führt, den sich ewig gegen sein Schicksal Sträubenden auf den Weg des *fatum* zu bringen.

Es wird oft kommentiert, dass Aeneas von seinem Vater nur sehr wenig über sein eigenes Schicksal erfahre[71]. Dabei schreibt Vergil, Anchises künde ihm von bevorstehenden Kriegen und lehre ihn, *quo quemque modo fugiatque feratque laborem* (V. 893). Aeneas erfährt sehr wohl Konkretes über sein persönliches Schicksal in Latium, lediglich der Leser bekommt diese präzisen Informationen nicht. Hiermit vermeidet Vergil einen „Kurzschluss" der Handlung und bleibt auch hier der Funktion der Katabasis treu, die nicht eine primär inhaltliche Funktion hat, sondern den Handlungsbogen der Irrfahrten abschließt und den der kommenden Kämpfe in Latium eröffnet. Dieses sollen vorbereitet und angedeutet, keinesfalls aber antizipiert werden.

6. Ausgang: Aufstieg durch das Tor der falschen Träume

Nach der Offenbarung der römischen Zukunft verlässt Aeneas den Hades durch das Tor der falschen Träume. Auffällig hierbei ist zunächst, dass die Rückkehr in die Oberwelt von der Sibylle vor der Katabasis als extrem schwierig eingestuft wurde[72], von Vergil dennoch in einem einzigen Vers abgehandelt wird: Anchises lasse seinen Sohn und die Sibylle durch die Elfenbeinpforte hinaus (vgl. V. 898). Hingegen wurde der als leicht angekündigte Abstieg durch diverse Schwellen und Hindernisse (Charon, Cerberus) erschwert. Die Unterweltsreise erscheint in Bezug auf die sich ergebenden Schwierigkeiten also als Umkehrung des Ausspruches der Sibylle, wenn man Aufstieg und Abstieg als rein räumliche Elemente betrachtet. Betrachtet man sie aber im Rahmen eines zeitli-

---

[70] GIEBEL, Vergil, S. 101
[71] Vgl. etwa PLATTHAUS, Höllenfahrten, S. 107
[72] VERGIl, Aeneis VI, V. 128-132

chen Gefüges, so kann der Descensus als Eintritt in die Vergangenheit gewertet werden, die dem Helden, der dem verlorenen Troja nachtrauert, durchaus einfach fällt. Der Aufstieg als Erkennen und Anerkennen des *fatum* ist der für Aeneas problematische Teil, so zumindest die Einschätzung der Sibylle. Durch die Heldenschau er tbrennt Aeneas nun aber in Liebe zu dem künftigen römischem Ruhm (vgl. V. 889), der Aufstieg zu Zukünftigem fällt ihm leicht; lediglich die Schwierigkeiten seines Auftrags sind belastend.[73]

Eine weitere Frage, die in der Sekundärliteratur kontrovers diskutiert wird, stellt sich: Warum werden Aeneas und Sibylle ausgerechnet durch das elfenbeinerne Tor der falschen Träume aus der Unterwelt entlassen? Alternativ wird von Vergil das Tor der wahren Träume genannt. Eine plausible Erklärung hierfür führt Norden an: Das Tor habe keine „unsinnige" symbolische Bedeutung, sondern verweise auf die Zeit vor Mitternacht, was auch anhand von Analogien in mittelalterlichen Apokalypsen festgemacht werden könne[74]. Hier schließt sich der Handlungsbogen, den die Sibylle in ihrem Verweis auf das Schwinden der gegebenen Zeit (vgl. V. 539) eröffnet hatte.[75]

Ihren endgültigen Abschluss erfährt die Katabasis erst im folgenden Buch mit der Beerdigung der Amme des Aeneas. Als Spiegelfigur zu Misenus, der den descensus vorbereitet und in das Reich der Toten geführt hatte, führt sie Aeneas durch ihren Tod zurück in das Reich der Lebenden

---

[73] Vgl. hierzu auch Fn 132
[74] Vgl. NORDEN, Aeneis Buch VI, S. 348
[75] Vgl. zum Tor der falschen Träume auch S. 48 f.

Gian Lorenzo Bernini:

Aeneas, Anchises und Ascanius bei der Flucht aus Troja

B. *MEMORIA ET OBLIVIO* – DIE KONZEPTION DER ZEIT IN DER AENEIS

I. Die Konstruktion von Vergangenheit, Gegenwart und Zukunft in der Gesamt-Aeneis

Der Stoff der *Aeneis*, die Geschichte vom Untergang Trojas bis zur Ansiedlung des Aeneas in Latium, ist ein mythischer. Dieser mythische Raum der Erzählung wird im Epos in die geschichtliche Zukunft hinein erweitert, er weist über sich selbst hinaus: Die Darstellung der Geschichte des römischen Volkes insgesamt bis hin zu Augustus ist das wahre Anliegen des Dichters. Vergil stellt das römische Schicksal und den Sinn seiner eigenen Zeit von der mythischen Zeit und dem Handeln des Aeneas her dar. Er entwickelt die Gesamtlinie der Geschichte durch die „drei großen Durchblicke" - der Jupiterrede (I, 257-296), der Heldenschau (VI, 756-889) und der Schildbeschreibung (VIII, 626-727) - als drei „Bild[er] innerhalb des Mythos"[76]. Die Gegenwart der vergilischen Zeit wird als bedingt gesehen durch das Handeln des mythischen Helden im Geist von *pietas* und *virtus*; dieser Held wird dadurch in einen teleologischen Zusammenhang gestellt. Er ist ein „geschichtlicher Mensch"[77], eingebunden in die Gemeinschaft vergangener und kommender Generationen. „Denn aus der Vergangenheit wird die Geschichte von dem wesenhaft geschichtlichen Wesen, dem Menschen, verantwortlich in die Zukunft geführt"[78].

So steht auch Aeneas in Vergils Epos nicht für sich allein, sondern ist verknüpft mit seinem Vater Anchises und seinem Sohn Ascanius. Die Gruppe Anchises-Aeneas-Ascanius repräsentiert die drei Dimensionen der Geschichte: Vergangenheit, Gegenwart und Zukunft. Aeneas ist der in der Gegenwart des vergilischen Epos handelnde Held; Anchises stellt als Vater des Aeneas, als dessen älteres Ich, die trojanische Vergangenheit und Tradition dar; Ascanius schließlich fungiert als Personifikation der verheißenen Zukunft in Italien. Diese Verknüpfung der drei Charaktere zu einem zeitlichen System im Rahmen der Suche und Gründung einer neuen Heimat der Trojaner in Italien offenbart sich wohl am stärksten in dem vielfach gestalteten Bild des aus Troja flüchtenden Aeneas, der seinen gelähmten Vater auf den Schultern trägt und den kleinen Iulus an der Hand

[76] KLINGER, Römische Literaturgeschichte, S. 307
[77] OPPERMANN, Vergil, S 157
[78] BÜCHNER, Der Schicksalsgedanke bei Vergil, S. 297

führt. Er macht sich nicht ohne seine Vergangenheit auf, sondern trägt sie als Last mit sich. Ascanius hingegen symbolisiert das Ziel, die noch vage und fern erscheinende Zukunft in Italien. Aeneas ist also im Rahmen seiner geschichtlichen Aufgabe „gespannt zwischen Gestern und Morgen"[79].

Seine Geschichte begründet sich nach Vergil durch das *fatum*, durch Jupiters göttlichen Willen. Durch diesen göttlichen Willen erhält die gesamte Historie ihre Bedeutung, sie ordnet sich als sinnhaftes, geordnetes Ganzes, das als „Entelechie"[80] betrachtet werden kann. Diese Konstruktion hat zwei untereinander verknüpfte Konsequenzen: Sie trifft erstens eine Aussage über das Leiden des Menschen und erklärt zweitens die Einheit von Mensch und Geschichte.

Aeneas zeigt sich insbesondere in der ersten Hälfte des Epos als ein innerlich leidender Charakter, der hier eben nicht nur auf seine Funktion als Träger des *fatum* reduziert ist. Seine eigenen Bedürfnisse und Wünsche – die Sehnsucht, Troja wieder aufzubauen, die Liebe zu Dido - kann er nicht erfüllen; er fühlt sich von einer grausamen, übermenschlichen Kraft getrieben und erleidet das Geschehen, in das er sich nicht einfügen kann. Leid gehört also hiernach unmittelbar zum irdisch-menschlichen Dasein, das die Zusammengehörigkeit von Mensch und Welt nicht begreifen kann[81]. So leidet Aeneas an Pallas und Turnus, die ihren Platz in der Geschichte nicht erkennen wollen; ja, er leidet auch an sich selbst, da er sich mit seiner geschichtlichen Aufgabe nicht zu identifizieren weiß. Auch transzendente Kräfte außerhalb des *fatum* erschweren den Auftrag des Helden: Junos Zorn treibt die Aeneaden auf Irrfahrten durch die Meere. Dennoch sind all diese Leiden lediglich *casus*, Zwischenfälle, die die Erfüllung der Bestimmung erschweren, aber niemals verhindern können[82]. Das Leid ist unausweichlicher Bestandteil der geschichtlichen Dimension des menschlichen Lebens.

Aber dennoch ist das menschliche Dasein von der *iustitia*, der Gerechtigkeit, geprägt, die sich zwar meist nicht unmittelbar, aber auf lange Sicht zwangsläufig durchsetzt. Sie liegt begründet in der durch das *fatum* gestifteten höheren Ordnung. Diese *iustitia* zeigt sich in der Aeneis nicht nur im irdischen Leben, sondern auch und insbesondere in der

---

[79] OPPERMANN, Vergil, S. 173
[80] KLINGER, Römische Geisteswelt, S.258
[81] KLINGER, Römische Geisteswelt, S.260
[82] BÜCHNER, Der Schicksalsgedanke bei Vergil, S. 274

vergilischen Eschatologie. Im Jenseits, außerhalb der geschichtlich-menschlichen Welt, laufen der tiefste Sinn der Geschichte und die menschliche Existenz zusammen. „Der ganze mythische und geschichtliche Zusammenhang erscheint [...] überwölbt von einem Geisterreiche, das Götter und Menschen umfasst und über die Geschichte und die Schranken [der] diesseitigen Welt hinausreicht"[83]. Die Eschatologie, die Lehre von der Seelenwanderung und die kosmologische Ordnung, die Anchises seinem Sohn im Elysium erklärt und die sich auf orphisch-pythagoreisches und platonisches Gedankengut stützt, soll dem in die Unterwelt hinabsteigenden Helden den finalen Sinn der Geschichte erläutern. Aeneas erfährt Folgendes über das eschatologische Schicksal der Seelen:

Die Grundsubstanz der gesamten Welt, des Seins, ist der *spiritus*, der alles durchdringt. Pythagoras nennt diese Ursubstanz Seele, Platon bezeichnet sie als „reine[n] Geist"[84] und damit als Teil der unkörperlichen Ideen jenseits von Raum und Zeit. Die menschliche Seele ist Teil dieses weltdurchdringenden Geistes, ein Teil, der sich zeitweise mit sterblichem Leib verbindet (V. 727 ff.), aber sowohl vor als auch nach der Inkarnation existiert. Der Leib wirkt auf die Seele lastend und hemmend (vgl. V. 731), ihr auf Erkenntnis gerichtetes Wesen wird durch die Affekte des Körpers beeinträchtigt[85]. Durch die Verbindung mit Sterblichem wird sie von ihrem göttlichem Ursprung entfernt und ihm entfremdet; die Gewalt, die sie an einen Leib bindet, steht also im Gegensatz zu der göttlichen Natur der Seele. Vergil bezeichnet den Körper in diesem Zusammenhang als „*carcer caecus*" (V. 734) der Seele, wobei er die *soma-sema*-Vorstellung, die Platon im „Phaidros" entwickelt, aufgreift. Durch die Inkarnation wird die unsterbliche Seele, die nach Platon bereits die Ideen geschaut hat, auf die bloße Wahrnehmungsebene zurückgeworfen, da in diesem Zustand das *epithymetikón*, der begehrende Seelenteil, gegenüber dem *logistikon*, der Vernunft, und dem *thymoeidés*, dem Mutigen, an Einfluss gewinnt. Vergil konkretisiert dies in der Formulierung *hinc metuunt cupiuntque dolent gaudentque* (V. 733). Aufgrund dieser Problematik der Inkarnation ist es nötig, dass die Seele über den Tod hinaus gereinigt wird, da „nicht jegliches Übel"(V. 736) weiche, wenn sie den Körper verlasse. Während des Aufenthaltes im Hades erfolgt eine Läuterung der Seelen durch die Elemente Wasser, Feuer oder Luft, die individuell auf die *supplicia* (V. 740) des Lebens abgestimmt ist. Diese Vorstellung der Reinigung kannten

---

[83] KLINGER, Römische Geisteswelt, S 307 f.
[84] WERNER, Die Philosophie der Griechen, S. 85
[85] Vgl. GLÜCKLICH, Interpretationen und Unterrichtsvorschläge zu Vergils Aeneis, S. 90 sowie Aeneis VI,V. 733 f. „*auras non dispicit*"

bereits die orphischen Gemeinschaften, denen Pythagoras nahestand.[86]

Die Rechtschaffenheit der Seelen im Leben – hier verbindet sich die philosophisch-theologische Ebene mit ethischen Elementen, mit der bereits angesprochenen *iustitia* - entscheidet auch über ihr weiteres eschatologisches Schicksal: Nur wenige, nach Platon „die Besten", bleiben im Elysium und erlangen, indem sie so dem Kreislauf von Tod und Wiedergeburt entkommen, ihre ursprüngliche Freiheit zurück. Die meisten derer, die im Elysium weilen, werden jedoch, so Anchises weiter, nach 1000 Jahren „gewillt"(V. 751), in Körper zurückkehren, nachdem sie zuvor durch das Trinken des Lethewassers ihre Erinnerung an alles Vorherige verloren haben.

Die Seelenwanderung fungiert als „Symbol für die Geschichtlichkeit des menschlichen Daseins, dem die Möglichkeiten der Zukunft aus dem Gewesenen erwachsen"[87]. Auch nach ihrem Tod – und, wie sich in der Heldenschau zeigt, sogar im pränatalen Zustand – bleibt die Seele des Menschen an das irdische Weltgeschehen geknüpft. Lediglich die Sünder, die ihre Rolle im Weltplan des *fatum* nicht eingenommen, sondern niederen Affekten nachgegeben haben, und die Besten mit ihrem umfassenden Verständnis des göttlichen Willens kehren nicht wieder auf die Erde zurück, sondern bleiben im Jenseits[88]. Doch auch dort sind sie Teil eines übergeordneten Ganzen, des *spiritus*. Die Tatsache, dass die Seelen ein Teil des weltdurchwirkenden Geistes sind, begründet das Einssein von Mensch und Geschichte. Erst nach dem Tod wird diese Einheit offensichtlich, erst im Jenseits befindet sich die Seele des Menschen dort, woher auch der tiefste Sinn der Geschichte stammt. In diesem jenseitigen Fluchtpunkt der Geschichte, in dem sich die treibende Kraft der Welt zeigt, offenbaren sich der Seele und dem hinabsteigenden Helden die letzten Geheimnisse der Dinge: die Ordnung der Welt durch den *spiritus* und die Verbindung der menschlichen Existenz und des *fatum*. Hier zeigt sich „das Wozu, das Liebenswerte, göttlich Erhellte des Weltgeschehens"[89].

---

[86] Norden verweist darauf, dass die Vorstellung einer Läuterung auch der Tugendhaften im Elysium seit dem Humanismus „unerhört" (NORDEN, Aeneis Buch VI, S. 18) scheint, sich vor dem Hintergrund der Lehre Platons jedoch logisch ergibt. Da zudem die Härte der Strafen von der Tugendhaftigkeit des Lebens abhängig ist, kann nicht davon gesprochen werden, dass die *iustitia* als grundlegendes Prinzip des vergilischen Weltbildes an dieser Stelle nicht zum Tragen käme.
[87] OPPERMANN, Vergil, S.167
[88] Vgl. zur memorativen Versteinerung der Toten im Hades S. 35 f.
[89] KLINGER, Römische Literaturgeschichte, S. 261

II. Die Katabasis im Zeitgefüge der Aeneis

In der Gesamt-Aeneis kommt der Katabasis im Rahmen der Zeitkonstruktion des Epos eine besondere Bedeutung zu. Die Einbindung des Helden in Vergangenheit und Zukunft im Rahmen seiner geschichtlichen Aufgabe wird hier gesteigert; die drei Zeitebenen werden im Hades in eigentümlicher Weise enger zusammengefügt. Die eigentliche Handlung des Epos – die Irrfahrten der Aeneaden und die mit Kriegen verbundene Gründung einer neuen Heimat in Latium – tritt hier zurück zugunsten der geschichtlichen Dimension des Lebens des Helden. Zwar ist der geschichtliche Horizont, das letzte Ziel des Handeln und Leiden des Helden grundsätzlich immer in der vergilischen Erzählung und im Bewusstsein des römischen Lesers gegenwärtig, ebenso wie an vielen Stellen die mythologische Vergangenheit sichtbar wird. Im descensus jedoch geht es beinahe ausschließlich um diese Ganzheit des Epos. Auch wenn es falsch wäre, die Katabasis vollkommen aus dem Handlungszusammenhang herauszulösen[90], ist dennoch nicht die geschilderte Handlung in sich - der Abstieg in die Unterwelt - entscheidend, sondern ihr Hinausweisen in die private und universale Vergangenheit und Zukunft sowie die inneren Veränderungen, die diese Konstruktion beim epischen Helden hervorruft.

In seinem Gang in die Unterwelt tritt Aeneas in einen Ort ein, in dem die Zeitebenen deutlicher vorliegen als im Diesseits, zugänglich und damit gegenwärtig sind. Aeneas ist hier nicht mehr auf sein eigenes Gedächtnis angewiesen, um sich der Vergangenheit und der Prophezeiungen in Bezug auf die Zukunft zu erinnern, sondern tritt - unter Führung der Sibylle[91]- ein in einen „Zeitort", in dem Vergangenheit und Zukunft, Geschichte und Mythologie nebeneinander existieren, sogar ineinander übergehen. Die abstrakten diesseitigen Methoden, sich vergangener und zukünftiger Zeitdimensionen bewusst zu werden, werden ersetzt durch konkrete Begegnungen, durch den Kontakt mit den Seelen Verstorbener. So tritt Aeneas seiner „privaten" Vergangenheit in Form der Seelen verstorbener Kameraden und Gegner gegenüber. Er durchschreitet wesentliche Stationen seines Lebens erneut, anstatt sie nur zu memorieren. Zudem erweitert sich die Vergangenheit in die mythologische Dimension, die im Tartarus durch die Büßergestal-

---

[90] Vgl. hierzu BÜCHNER, Vergils Aeneis, S. 32 sowie die nachfolgenden Untersuchungen zur inneren Entwicklung des Aeneas, S. 40 ff.
[91] Die Figur der Sibylle, die nicht nur Einblick in die Zukunft hat, sondern auch aufgrund ihres übermenschlich hohen Alters die Vergangenheit repräsentiert, scheint unter dem Aspekt der Zeitdimensionen als Führerin während der Katabasis besonders geeignet.

35

ten und im Elysium durch die Sagenhelden für Aeneas einzusehen ist.

Auch die Zukunft wird ihm auf vielfältige Weise zugänglich: die universale Zukunft des menschlichen Lebens durch die Erlösungsphilosophie, die Anchises ihm erläutert[92], die römisch-nationale Zukunft durch die Heldenschau, die individuelle Zukunft durch die Erklärungen des Anchises über die *bella gerenda* (V.890). Die Zeitebenen werden hier anders präsentiert als in der Welt der Lebenden; Vergangenes und Zukünftiges begegnen im Hades nicht abstrakt, sondern konkret, indem sie verkörpert werden durch die Seelen der Verstorbenen, die anders an in der homerischen Nekyia ihre Erinnerung behalten haben. Die Zeitdimensionen werden im Hades durch die Toten und die Kommenden, die Abbilder der Zukünftigen, visualisiert.

1. Der Gang in den „Zeitort": Die Visualisierung der *memoria* und der *spes* in der Unterwelt

a) Die Tote als Träger der *memoria*

Die Erinnerung der verstorbenen Kameraden des Aeneas an ihre eigene, von Aeneas miterlebte Vergangenheit lässt sie einen bestimmten Zeitabschnitt der Geschichte personifizieren und so Vergangenes gegenwärtig werden lassen. Die von Vergil genannten mythologischen Büßerfiguren visualisieren repräsentativ die gesamte Zeitspanne zwischen dem Urbeginn der Zeit und der Gegenwart des Epos. Ebenso verkörpern die im Lethehain befindlichen zukünftigen Helden Roms die *spes*.

Doch über diese Verkörperung der Zeitspanne, in der die Verstorbenen oder die noch nicht geborenen Römer gelebt haben bzw. leben werde, hinaus trifft Aeneas in der Katabasis auf Seelen, die nichts anderes als die Zeit selbst in ihrer Gesamtheit zu repräsentieren scheinen. Ihre persönliche Erinnerung an die Geschehnisse zu Lebzeiten wird bei den im Elysium und im Tartarus weilenden Toten zu einem universalen Gedächtnis erweitert.

---

[92] Die Erlösungsphilosophie muss für meinen Betrachtungsansatz als allgemeine eschatologische Aussage und nicht nur als Aussage über die Veränderung des Helden im Rahmen seiner Vergangenheits- und Zukunftsausrichtung verstanden werden; deshalb wurde bereits unter B. I. thematisiert.

Wohl am besten lässt sich diese Konstruktion der *memoria* an der Person des Anchises zeigen, der Vergangenheit, Gegenwart und Zukunft verkörpert. Er hat nicht nur die Erinnerungen an die Geschehnisse bis zu seinem Tod bewahrt, sondern weiß zugleich auch um die irdischen Erlebnisse seines Sohnes, die sich bereits nach seinem Tod ereignet haben. So nimmt er während dessen Begrüßung im Hades Bezug auf die Liebesaffäre mit Dido, die die Erfüllung des *fatum* gefährdet habe.

Anchises' Gegenwartsmoment ist durch seine Möglichkeit, in das irdische Geschehen einzugreifen und Aeneas im Traume zu mahnen und ihn so auf den Weg des *fatum* zu lenken, gegeben. Die besondere Bedeutung des Todes, in dem der Seele die letzten Geheimnisse enthüllt werden, für die *memoria* einer Seele zeigt sich in dem Verhalten des Aeneas gegenüber den Ratschlägen seines Vaters.
Bereits in ersten Büchern hatte dieser sich nämlich als Deuter der Omen und des göttlichen Willen ausgezeichnet und so Einfluss auf den Verlauf der Irrfahrten genommen. Die potenzielle Fehlerhaftigkeit seiner Ratschläge zeigt sich jedoch deutlich darin, dass die Aeneaden Kreta verlassen, das Anchises als durch Götterworte verheißenes Ziel der Irrfahrten angekündigt hatte. Dieser menschlich-irdischen Beschränktheit in Bezug auf die Einsicht in das *fatum* entsprechend, "accepts [Aeneas] Anchises' advice at several points but never takes Anchises' memories as a starting point for reaching decision"[93]. Erst in der Katabasis offenbart die Seele des Anchises Aeneas eine Zukunft, an der er nun keinen Zweifel mehr hegen kann. Dies liegt begründet in der dritten Dimension der *memoria* des Toten, der Zukunftsdimension. Im Jenseits hat Anchises Einblick in die gesamte römische zukünftige Geschichte gewonnen.

Auch die anderen Gestalten im Elysium sind sehr eng an die Zeitdimensionen, an die *memoria* und die *spes*, gebunden. Sie verdeutlichen zwar nicht wie Anchises durch Offenbarungsreden, dass sie Kenntnis von der gesamten *memoria* haben, sind aber dennoch eng mit der Unterwelt als Erinnerungsort verknüpft. Anders als die Sünder im Tartarus, von deren Vergehen und Strafen Aeneas durch die Erzählung der Sibylle erfährt, werden die Seligen nur anhand ihrer Namen kenntlich gemacht, als „mythische Inbegriffe"[94] ihrer selbst. Nicht konkrete Taten und damit eine bestimmte Zeitspanne werden ihnen zugeordnet, sondern die Vergangenheit an sich, „nichts anderes als die *memoria*

---

[93] HENRY, The vigour of prophecy, S. 16
[94] HERZOG, Aeneas' episches Vergessen, S. 112

selbst"[95]. Anchises hebt sich von ihnen nur insofern ab, als er alleine neben der *memoria* auch die Zukunftsdimension der Unterwelt, die ansonsten in den pränatalen Helden realisiert ist, verkörpert.

Diese Konstruktion des Hades als universaler Erinnerungsraum erklärt auch Inkonsequenzen und Widersprüche in der Lehre von der Seelenwanderung. Die Sünder im Tartarus werden auf ewig im Hades bestraft und sind so vom Kreislauf von Tod und Wiedergeburt ausgeschlossen. Sie sind memorativ versteinert[96] wie auch die wenigen seligen Seelen im Elysium. Auch wenn Vergil prinzipiell die endgültige Rückkehr der Seelen zum göttlichen *spiritus* bejaht, in der das Elysium nur eine Zwischenstation ist[97], so tritt diese Lehraussage zurück zugunsten der ständigen Anwesenheit weniger besonderer Seelen im Elysium. So weilen hier noch der trojanische Ahnherr Dardanus und Orpheus, Gestalten aus der Mythologie, die bei konsequentem Durchhalten der Lehre von der Purifizierung der Seelen längst wieder mit dem göttlichen Pneuma vereint sein müssten. Der mythischer Raum, der „als Anfang und Inbegriff der Geschichte Symbol für die geschichtliche Welt überhaupt"[98] ist, bleibt im Universum der *memoria* unverändert.

Auch der Ausschluss der mythischen Gestalten und des Anchises von der Vergessenslehre, nach der alle Seelen Lethes Wasser trinken und so ihre Erinnerung verlieren, ist durch Vergils Absicht zu erklären, einen Raum der universalen *memoria* im Hades zu schaffen.

b) Das Universum der *memoria*

In der Unterwelt tritt Aeneas also in dem Kontakt mit den Toten - wobei auch die zukünftigen Römer hier wie Tote dargestellt sind - der *memoria* von der mythologischen Vorzeit bis hin zu der für ihn zukünftigen römischen Geschichte entgegen, er begegnet dem gesamten memorativen Horizont des römischen Lesers. Durch die Anwesenheit der Verstorbenen und noch nicht Geborenen im Hades und durch den – mythologischen oder geschichtlichen – Hintergrund, in dem diese stehen, entsteht ein Gedächnisuniversum[99], das Aeneas betritt wie ein Besucher ein Museum. Im Hades liegt die Ganzheit

---

[95] ebd.
[96] Vgl. HERZOG, Aeneas' episches Vergessen, S.109
[97] Vgl. VERGIL, Aeneis VI, V. 743-747
[98] BÜCHNER, Römische Literaturgeschichte, S. 303
[99] Der Begriff Universum bzw. universal wird hier trotz der Seelenwanderungslehre und des mit ihr ver-

der Geschichte in reiner Gegenwart vor[100]. Das Museum „Unterwelt", in dem die *memoria* „ausgestellt" wird, weist natürlich Eigenschaften auf, die über ein herkömmliches Museum hinausweisen: Nur wenigen auserwählten Helden wird der Zutritt gestattet; die wesentlichen unter diesen nennt Aeneas mit der Aufzählung von Orpheus, Pollux und Theseus und Herkules (vgl. V.119-123), später nennt Charon noch Pirithous (V.393). Auch mit den Schwellen, die Aeneas überwinden muss, wird der gewöhnliche Museumsbesucher nicht konfrontiert. Dennoch existieren unübersehbare Analogien: Aeneas tritt - als Fremder - in eine Welt ein, die repräsentative Figuren aus dem Universum der *memoria* „ausstellt", so wie ein Museumsbesucher herausragende Elemente einer Kultur zu sehen bekommt. Wie der unwissende Besucher, der in den großen Museen einer Führung und Anleitung bedarf, sei es in Form von wegweisenden Schildern, eines Reiseführers oder einer eingeweihten Person, so kann sich auch Aeneas nur mit Hilfe der Sibylle im Hades zurechtfinden. Ohne sie hätte er sich in den Begegnungen mit verstorbenen Kameraden in der Besichtigung des jüngsten Teils der Vergangenheit verloren[101]. Ganz so, als „vertrödele" der Louvrebesucher, der unbedingt die Mona Lisa bewundern möchte – so wie Aeneas seinen Vater und die *memoria*, die dieser verkörpert, sehen will - , seine knapp bemessene Zeit bis zur abendlichen Museumsschließung mit den *dossiers*, so lässt sich Aeneas im Kontakt mit Palinurus, Dido und Deiphobus von seinem Ziel ablenken; weil die durch diese Toten, die Aeneas zu Lebzeiten kannte, personifizierte trojanisch-griechische Feindschaft ihn „umschließt und sein Ich in diese Erinnerung wirft"[102], steht er in der Gefahr, sich in seiner Vergangenheit zu verlieren und sich so nicht mehr auf das Ziel des *descensus* zu konzentrieren, das er der Sibylle vor dem Anstieg noch eindringlich erläutert hatte (vgl. VI, 103 –117).

c) Die Kommenden als Träger der *spes*

Hat Aeneas mit Hilfe der Sibylle Anchises erst erreicht und dieser seine Erklärungen über das eschatologische Schicksal der Seelen abgeschlossen, so wird der Museumscharakter von einem zweiten Visualisierungselement überlagert.

Die langen, herankommenden Reihen der zukünftigen Helden Roms, der Träger der geschichtlich-futurischen *memoria*, der *spes*, erwecken den Eindruck einer *pompa fu-*

---

bundenes Verlustes bestimmter Ausschnitte der *memoria* verwendet, um das grundsätzliche Phänomen zu verdeutlichen.
[100] Vgl. KLINGER, Römische Literaturgeschichte, S. 308
[101] vgl. zum Kontakt zu den Seelen Verstorbener insbesondere S. 16
[102] HERZOG, Aeneas' episches Vergessen, S. 89

nebris[103]. Bei diesem öffentlichen Leichenzug zum Begräbnis eines patrizischen Rö-mers, der sich zu Lebzeiten in dem *cursus honorum* ausgezeichnet hatte, tragen Schau-spieler die Wachsmasken der berühmten Vorfahren des Toten[104]. Diese *imagines*, die im Atrium der Häuser vornehmer Römer in verschließbaren Schreinen aufbewahrt wurden, waren den Gesichtszügen der Toten individuell und realistisch nachgebildet und dienten der Demonstration des familiären Prestiges. Fand ein *agmen imaginum* zu Ehren eines Verstorbenen statt, so wurden die Ahnen mit ihren *imagines* sowie mit ihren Amtsge-wändern und –insignien dargestellt, um die „Ewigkeit der römischen Ordnung"[105] zu in-szenieren und zugleich die Jüngeren zur *imitatio* anzuspornen.

Ähnlich stellt Vergil die Römerschau dar: Er lässt Anchises die herankommenden römi-schen Zukunftsträger bereits in voller Amtstracht und mit den Insignien, die sie zu Leb-zeiten charakterisieren werden, vorführen. Gemeinsam ist der *pompa funebris* und der Römerschau auch, dass jeweils nur eine Auswahl der Vor – bzw. Nachfahren angeführt wird; es handelt sich in keinem Fall um eine streng „biologische Kette"[106], sondern es werden Personen anhand von bestimmten Kriterien ausgewählt. Bei der *pompa funebris* waren diese klar festgelegt: Nur wer ein kurulisches Amt bekleidet oder sich als Trium-phator ausgezeichnet hatte, wurde in der chronologisch geordneten Ahnenprozession geehrt; der übrigen Ahnen wurde lediglich im familiären Kreis gedacht. Vergil lässt An-chises nicht derart eindeutig definieren, nach welchen Kriterien er die römischen Nach-fahren aussucht, die er seinem Sohn vorstellt. Aber auch Anchises wählt nicht willkür-lich aus, sondern hat die Vorstellung der römischen Helden von langer Hand an geplant [107]. Wie bei einer *laudatio funebris* hebt er die besonderen Leistungen der künftigen Rö-mer hervor; auch wenn er neben den glorreichen Momenten des Römertums auch die Schrecken und Wirren der Bürgerkriege und die Gefährdung der Republik thematisiert, erreicht er bei seinem Sohn eine ähnliche Wirkung, wie sie die *pompa funebris* auf jun-ge Römer gehabt haben muss. *incendit animum famae venientis amore* (vgl. V. 889), wie das *agmen imaginum* den heranwachsenden Adeligen dazu veranlasste, sich um ei-genen Ruhm zu bemühen, um so in die Reihe der *maiores* aufgenommen zu werden.

---

[103] Vgl. GIEBEL, Vergil, S. 97
[104] Vgl. ebd.
[105] FLAIG, Ritualisierte Politik, S. 69
[106] Vgl. FLAIG, Ritualisierte Politik, S. 55
[107] Vgl. *at pater Anchises penitus convalle virenti inclusas animas superumque ad lumen ituras lustrabat studio recolens omnemque suorum forte recensebat numerum, carosque nepotes fataque fortunasque vi-rum moresque manusque* (V. 679-683) und *has equidem memorare tibi atque ostendere coram iampri-dem hanc prolem cupio enumerare meorum* (V. 716 f.)

Zunächst scheint diese Präexistenz der römischen Helden im Hades paradox, wird sie doch durch die Lehre von der Wiedergeburt nicht gedeckt. Die *spes* als abstrakte Größe wird hier in Form eines ‚Wachsfigurenkabinett[es]"[108] visualisiert, dessen Figuren darauf warten, „belebt zu werden und an die Oberwelt zu steigen"[109]. Verlässt man jedoch die oberflächlich - rationale Betrachtungsebene, so wird schnell klar, dass auch diese Konstruktion Vergils Bemühen zeigt, einen Erinnerungsraum zu schaffen, in dem er auch die für Aeneas zukünftigen Ereignisse darstellen und so ein Loblied auf die Größe Roms unter Augustus singen kann.

In der Unterwelt steigert und erweitert Vergil also die *memoria*, die Aeneas im odysseischen Teil der Aeneis unablässig beschäftigt hat. Er steigert sie durch die Visualisierung der Zeitebenen, insbesondere der Vergangenheit, und erweitert sie durch die pränatale Existenz künftiger römischer Helden um die Zukunft. Die Katabasis mündet so in einer „Poetik der *memoria*"[110], in der der gesamte memoriale Horizont des römischen Lesers zu Zeiten Vergils verarbeitet wird.

2. Die Wirkung des „Zeitortes": Die Umpolung des Helden in der Katabasis

In dieser Welt des Hades, in der die Seelen der Toten geläutert werden, erfährt Aeneas in seiner Katabasis auch eine „Umpolung". War er vorher vollkommen auf die Vergangenheit fixiert, so kehrt sich die Blickrichtung des Helden und damit die Bewegung des Epos in der Katabasis um.

Der Blick des Aeneas ist in den ersten Büchern auf das Vergangene statt auf das Bevorstehende gerichtet; bereits während des im ersten Buch beschriebenen Seesturms hadert er mit dem Schicksal, das ihm nicht den glücklichen Tod in Troja gegönnt, sondern ihm die schwere Aufgabe übertragen hat, eine neue Heimat zu gründen[111]. Auch wenn sein geschichtlicher Auftrag immer deutlicher enthüllt wird – etwa in der Helenus-Prophetie -, so bleibt Aeneas' Verhalten diesem gegenüber weiterhin von Passivität, teils sogar von bewusstem Sträuben gekennzeichnet. Die Sehnsucht nach Troja ist das zentrale

[108] HÖLKESKAMP, Erinnerungsorte der Antike, S. 148
[109] ebd.
[110] HERZOG, Aeneas' episches Vergessen, S.109
[111] VERGIL, Aeneis I, 94-101

Motiv im odysseischen Teil des Epos, Aeneas trauert seiner *patria* nach. Das Trojaspiel während der Leichenspiele für Anchises im fünften Buch wird zu Recht bezeichnet als „the most vivid expression of [the] Trojan hope"[112]. Obwohl Aeneas bereits seit dem Fall Trojas weiß, dass die Stadt untergegangen ist und nicht wieder aufgebaut werden wird, ist er so sehr mit seiner Heimatstadt verbunden, dass er den Gedanken an ihre Wiedererrichtung nicht fallen lassen kann. Das Trojaspiel im fünften Buch zeigt sich auch dadurch als charakteristischer Rückblick, dass hier nicht nur die trojanischen Führer dargestellt werden, sondern auch Dido Erwähnung findet[113]. Diese wird als *candida* charakterisiert und erscheint so als weiteres Element aus Aeneas Vergangenheit, nach dem er sich sehnt.

Gegenüber dem in B.II.1 skizzierten Bild der Gruppe Anchises-Aeneas-Ascanius rückt in der Perspektive dieses Kapitels – gemäß der rückblickenden Ausrichtung des ersten Hälfte des Epos - Anchises als Verkörperung der Zeit vor den Irrfahrten in den Vordergrund: Er deutet die göttlichen Omina und versucht Aeneas zur Erfüllung seines fatum zu lenken; er nimmt die Stellung des *pater familias* ein[114]. Auch nach seinem Tod bleibt seine Rolle im Epos erhalten: Die Leichenspiele zu seiner Ehre werden ausführlich thematisiert und durch Traumerscheinungen kann er auch aus dem Jenseits Einfluss auf die Entscheidungen und damit auf den Weg seines Sohnes nehmen.

Die Bedeutung des Ascanius dagegen ist in den ersten Büchern vergleichsweise gering; die Zeit, in der er eine zentrale Position einnehmen wird, ist noch nicht gekommen. Im Gegenteil, er kann bei der Ankunft in Karthago sogar von der besorgten Venus durch Cupido ersetzt werden.

Die innere Haltung des vom *fatum* auserwählten Begründers des römischen Geschlechts steht im odysseischen, rückwärts gerichteten Teil des Epos in einem Spannungsverhältnis zu seinem Auftrag. Es ist die Spannung zwischen dem Aeneas, der er ist und sein will, und dem, der er nach dem Willen des *fatum* sein soll, zwischen dem Trojaner und dem Römer. Dieser Konflikt wird erst im Laufe des Epos durch das „Hineinwachsen des Aeneas in seine Aufgabe"[115] gelöst. Der entscheidende Schritt wird hierbei in der

---

[112] HENRY, The vigour of prophecy, S. 43
[113] VERGIL, Aeneis V, 571
[114] OPPERMANN, Vergil, S. 158
[115] OPPERMANN, Vergil, S. 149

Katabasis vollzogen, hier werden „Wissen und Wollen [...] eins"[115]. Hier erfährt er in der Lehre von der Seelenwanderung und der Römerschau, was den übrigen Menschen erst nach dem Tod enthüllt wird, nämlich die Einheit von Mensch und Geschichte und die Notwendigkeit, nach der höheren Ordnung zu streben, zu der er seinen Beitrag gemäß seiner Bestimmung leisten muss. In der Heldenschau wird ihm die glorreiche Zukunft vor Augen geführt, sodass sein eigenes Leiden angesichts des zu erfüllenden Auftrags in ein ganz neues Licht gerückt wird. Seine Rolle im Schicksalsplan, die für ihn bisher nur eine abstrakte Aufgabe war, bekommt hier durch die Präsenz der römischen Helden in ihrer ganzen Größe und doch mit menschlichen, Sympathie erregenden Attributen eine Emotionalität und Lebendigkeit, die Aeneas selbst zuvor nicht in ihr sehen konnte.

Die zukünftigen Römer, die im Hades schon vor ihrem Erdenleben vorzufinden sind und die die künftige *memoria* visualisieren, entflammen durch ihre Körperlichkeit und Menschlichkeit Aeneas' Liebe zu der glorreichen Zukunft, die bisher für ihn lediglich eine abstrakte Größe darstellte und deshalb nicht annehmbar war. Sein innerstes Bedürfnis war vielmehr immer noch der Wiederaufbau Trojas in Gedenken an die Seinen (V. 340 ff.). Durch die Darstellung kommender Ereignisse als Schicksalskette mit ihm als Ausgangspunkt und durch die Fixierung auf das telos „goldenes Weltzeitalter" versetzt Anchises seinen Sohn nun ins Staunen und nimmt ihn erstmals im Innersten für seine Aufgabe ein.

Bis zu diesem Punkt zeigt sich der Held Aeneas als ein Charakter, der unablässig seine eigene Vergangenheit memoriert, über einen „memorativen Innenraum"[117] verfügt. Dieser verschwindet offensichtlich im descensus und in der Begegnung mit den Toten[118], an die die Rekapitulation der Vergangenheit und die Enthüllung der Zukunft geknüpft sind [119]. Denn nach der Katabasis kehrt sich die retardierende Ausrichtung des ersten Teils des Epos um in ein "movement forward to the fulfilment of the quest"[120]. Die Unterwelt als der Handlungsort der Katabasis fungiert als „Fluchtpunkt, in dem die regressiven Tendenzen des ersten Teils zusammenlaufen, und zugleich [als] der Ort, an dem die

---

[116] OPPERMANN, Vergil, S. 159
[117] HERZOG, Aeneas episches Vergessen, S. 92
[118] vgl. B II. 3 Aeneas' Vergessen (S. 46 ff.)
[119] vgl. B II. 3 Aeneas' Vergessen (S. 46 ff.)
[120] HENRY, The vigour of prophecy, S. 59

progressiven Kräfte des zweiten Teils sichtbar werden"[121]. Die Katabasis ist also der Wendepunkt des gesamten Epos, die Heldenschau in ihr ist das Element, in dem durch die schrittweise Führung des Aeneas in die geschichtliche, weit über ihn hinausweisende Zukunft der Beginn für den neuen Zyklus des Epos vorbereitet wird. Hier wird der Grundstein für die neue Fixierung des Helden auf die ihm verheißene Zukunft gelegt.

Aeneas ist nach seinem Aufstieg aus der Unterwelt nicht mehr der auf Troja zurückblickende, zwischen den regressiven Versuchungen und der Erfüllung der *fatum* schwankende Charakter, sondern „der Vollstrecker der Aufgabe, vor die ihn die Gottheit gestellt hat. Im Vertrauen auf diese, in voller Einsicht in die Notwendigkeit dessen, was sie ihm aufgegeben hat, in freiwilliger Bejahung seiner Sendung geht er den Weg der Bewährung"[122].

So schultert er im achten Buch den Schild seiner göttlichen Mutter Venus und mit ihm die zukünftige römische Geschichte, statt - wie zuvor - seine persönliche Vergangenheit in Gestalt seines Vaters auf den Schultern zu tragen. Unter Verzicht auf persönliche Bedürfnisse, die immer mehr in den Hintergrund treten, wird er nun endgültig zum Inbegriff der *pietas* und sein Handeln zum Fundament für die Gründung Alba Longas und damit Roms. Glücklich ist er im Rahmen seiner geschichtlichen Aufgaben zwar auch jetzt nicht[123], dennoch nimmt er seine Aufgabe an und handelt gemäß dem *fatum*. Erst in der Ausführung des vom fatum gestellten Auftrages trotz seines Leidens wird Aeneas zu einem Helden, der diesen Namen zu Recht trägt. Nicht sein eigenes inneres Schwanken zwischen Schicksalstreue und persönlichem Begehren bestimmt die Handlung des iliadischen Teils, sondern der Konflikt zwischen den Latinern und Trojanern auf der einen und den Rutulern auf der anderen Seite hält den Spannungsbogen aufrecht. Die individuelle Dramatik weicht der politischen.[124]

---

[121] PLATTHAUS, Höllenfahrten, S. 107
[122] OPPERMANN, Vergil, S. 168
[123] So weist Aeneas seinen Sohn ausdrücklich an, *virtus* und *verus labor* von ihm zu lernen, *fortuna* jedoch von anderen (vgl. VERGIL, Aeneis, XII V. 435 f.)
[124] Vgl. BÜCHNER, Römische Literaturgeschichte, S. 303

Exkurs: Die Frage nach der Determination des Menschen

An dieser Stelle wird deutlich, dass der Held Aeneas trotz all seiner *pietas* nicht von Anfang an nach der Erfüllung des *fatum* gestrebt hat. In seiner Funktion als geschichtlich handelndes Wesen, als jemand, der Verantwortung für die zukünftige Geschichte übernehmen muss, bleibt er trotzdem zunächst auch ein Charakter, der sich gegen sein Schicksal sträubt, der nicht zum Träger und Vollstrecker des *fatum* werden will. Dem geschichtlich handelnden Helden wird im Epos ein eigener Wille zugestanden. Zudem wird er, wenn er sich wie in Karthargo von seiner geschichtlichen Aufgabe zurückzieht, nie durch göttliches Eingreifen auf den Weg zur Erfüllung seiner Bestimmung gezwungen, sondern lediglich zum korrekten Handeln veranlasst. So zwingt Merkur ihn nicht, Libyen und Dido zu verlassen, sondern wirft ihm lediglich seine Untreue gegenüber dem göttlichen Willen vor und macht ihn auf die Konsequenzen seines Aufenthaltes in Karthago aufmerksam, die nicht nur ihn, sondern auch Ascanius treffen würden (V. 265-276). Wenn Aeneas aber die freie Wahl gehabt hätte, endgültig in Karthago zu bleiben und sich vom *fatum* abzuwenden, wenn der Mensch in seinen Entscheidungen grundsätzlich frei wäre, wie können dann im Lethehain bereits die zukünftigen römischen Helden existieren? Wie kann Anchises seinem Sohn die künftige römische Geschichte und ihre Träger erläutern, wenn jeder Mensch eigenständig handeln zu können scheint und so die Generationenkette an jeder beliebigen Stelle durch das freie, dem *fatum* entgegenwirkende Handeln unterbrochen werden könnte?

Die vergilische Konstruktion scheint aus moderner Sicht insbesondere in den großen Durchblicken auf die römische Geschichte die Determination des Menschen im Rahmen seiner geschichtlichen Aufgabe zu verlangen. Den Determinismus als philosophische Grundlage für das Geschichts– und Menschenbild des Epos anzusetzen, hieße jedoch, die bereits gewonnenen Erkenntnisse über die Einheit von Mensch und Geschichte in der *Aeneis* zu missachten. Wenn die menschliche Seele eins ist mit dem weltdurchwirkenden *spiritus*, dann kann die These, dass der Mensch von einer fremden, außenstehenden Macht auf seine Bestimmung hingetrieben werde, nicht gehalten werden. Der Mensch an sich ist im tiefsten Grund seiner selbst geschichtlich, muss nicht erst durch eine transzendente Macht zur Geschichtlichkeit gezwungen werden. Dennoch zeigt sich in dem zeitweiligen Streben des Helden nach der Verwirklichung seiner eigenen Bedürfnisse die theoretische Möglichkeit, sich vom *fatum* abzuwenden. Das vergilische Geschichtsbild postuliert Freiheit und behauptet zugleich Determination[125] - ein Paradoxon, das sich wohl nur mit Hilfe der Seelenvorstellung der antiken griechischen Philosophen klären lässt. Bereits bei Platon wird der Wille, die boulêsis des Menschen als etwas verstanden, das prinzipiell auf das Gute gerichtet ist[126]. Der Wille ist dem *logistikon* zugeordnet „und so vom sinnlichen Begehren (*epithymía*) abgegrenzt"[127]. Der Wille, das letzte Ziel des Handelns, wird bei einer tugendhaften Seele, die sich auch im Zustand der Inkarnation nicht von den Affekten leiten lässt, stets rational bestimmt und stimmt so mit der vom *fatum* gestellten Aufgabe überein. Eine Determinismustheorie ist also zum Verständnis des vergilischen Epos nicht nötig, lediglich das Wesen der Träger der *fata* muss von vornherein festgelegt sein. Dies schafft Vergil, indem er die geschichtlichen Helden im Elysium ansiedelt und so als tugendhaft benennt. Von der gestellten Aufgabe abzufallen würde ihrem Wesen widersprechen, wie es auch Aeneas Wesen grundsätzlich widersprochen hätte[128]. Er war in Karthago lediglich zwischenzeitlich von seinem begehrlichen Seelenteil gesteuert, hätte seinem *fatum* jedoch nicht dauerhaft untreu werden können, da es dem Kern seines Seins widersprochen hätte.

---

[125] Vgl. BÜCHNER, Der Schicksalsgedanke bei Vergil, S. 297
[126] Vgl. HORN/RAPP, Wörterbuch der antiken Philosophie, S. 86
[127] ebd.
[128] Vgl. BÜCHNER, Der Schicksalsgedanke bei Vergil, S. 298

3. Das Resultat: Aeneas' Vergessen nach der Katabasis

Die Katabasis als das zentrale Element, das für Aeneas' Fixierung auf seine geschichtliche Aufgabe hin und für das Verdrängen seiner persönlichen Bedürfnisse steht, ist für den Helden auch ein Weg des Vergessens. In seinem Abstieg in das Universum der *memoria* gewinnt Aeneas zwar Erkenntnis in das *fatum* und in die sinngebenden Zusammenhänge von Mensch und Geschichte, kann aber die besichtigte *memoria* nicht ins Diesseits mitnehmen. Vielmehr scheint er einen Teil seiner eigenen *memoria* in der Unterwelt zu lassen. Im Folgenden wird sich das Motiv des Vergessens erst in Bezug auf die Vergangenheit des Helden, anschließend auf die ihm verheißene Zukunft zeigen.

In der Katabasis ändert sich, wie oben aufgezeigt, die Blickrichtung des Helden, er überwindet seine Vergangenheitsbezogenheit zugunsten der Schicksalstreue. Er hört auf, seine trojanische Vergangenheit unablässig zu rememorieren und in Episoden wie der Liaison mit Dido sein *fatum* zu vergessen. Nach der Katabasis ist Aeneas also in diesem Sinne ein Charakter „ohne Erinnern und Vergessen"[129] geworden; er hat entscheidende Stationen seiner Vergangenheit noch einmal durchlaufen und ist sich seines *fatum* und der glorreichen römischen Zukunft gewiss: Der Fall Trojas, die Liebestragödie mit Dido, die Leiden und die Verluste während der Irrfahrten auf der Suche nach der neuen, verheißenen Heimat sind ihm im Hades nochmals visuell und personifiziert gegenübergetreten. Dem Erlebten in der Unterwelt gegenüberzutreten heißt jedoch, es in seiner endgültigen Gestalt wahrzunehmen, als etwas, das vergangen und nicht mehr wiederzubringen ist[130.]

Aeneas muss mit der Vergangenheit abschließen und den endgültigen Verlust seiner patria, seiner trojanischen Kameraden und seiner Geliebten Dido akzeptieren, um seinen Blick für das Kommende zu öffnen und zur bedingungslosen Ausführung seiner geschichtlichen Aufgabe veranlasst zu werden, sein „memorativer Innenraum"[131], seine Eigenschaft, die Vergangenheit unablässig in seinem Inneren zu rememorieren, muss überwunden werden.

Diese persönlichen Erinnerungen, die er im odysseischen Teil des Epos stets erneut

---

[129] HERZOG, Aeneas' episches Vergessen, S. 92
[130] Vgl. hierzu die Begegnung mit Dido, die ausdrücklich als die letzte benannt wird und so dieses Kapitel seiner Vergangenheit für Aeneas abschließt; siehe S. 13 ff.
[131] HERZOG, Aeneas episches Vergessen, S. 92

durchlebt, scheint Aeneas in der Unterwelt „abzulegen"; sie sind jetzt nur noch Teil des jenseitigen Gedächtnisraumes und werden getragen durch die Seelen der Verstorbenen, an die diese memoria geknüpft ist. In der irdischen Gegenwart kommt ihnen jedoch keine Bedeutung mehr zu, Aeneas hat sie vergessen. Erst diese vollkommene Absage an vergangene private Bindungen macht das Erkennen und vor allem das Verständnis des *fatum* sowie die Einsicht in seine Notwendigkeit möglich. Nur wer allein die Zukunft im Blick hat, kann geeigneter Träger des göttlichen *fatum* sein. Durch das Durchschreiten der Stationen seiner Vergangenheit und durch deren Aufarbeitung und Abschluss im Hades kann Aeneas in den iliadischen Teil des Epos als geschichtlich handelnder Mensch eintreten. Erst mit dem Vergessen seiner eigenen Sehnsüchte wird er ein Held im eigentlichen Sinne, wird er zu einem Charakter, der nicht das vergangene und momentane Leiden, sondern seine Funktion im göttlichen Weltplan im Blick hat.[132]

Gemäß dem Vergessen der Vergangenheit in Aeneas verschwindet die Figur des Anchises völlig, die Vergangenheitsbezogenheit kehrt sich in die fromme Bejahung der Zukunft um. So kündigt sich hier die spätere geschichtliche Bedeutung des Ascanius viel stärker an als zuvor: Aeneas adressiert ihn nun häufiger, rückt ihn neben sich in den Mittelpunkt des Geschehens. Auch Venus konzentriert sich nun mehr auf ihren Enkel: So beschwört sie den Göttervater Jupiter, zumindest Ascanius den Krieg heil überstehen zu lassen; Aeneas könne jeglichem Weg folgen, den ihm Fortuna gebe (vg. X,V. 45-50). Der Held Aeneas ist potentiell austauschbar geworden[133], sobald er seine Rolle im Krieg erfüllt hat. Die Sorge der Götter gilt nun nicht mehr Aeneas selbst wie in der ersten Hälfte des Epos, sondern bereits dem baldigen Vollstrecker des *fatum* und der in ihm anbrechenden Zukunft, dem Iulus.

Aeneas muss also seine Vergangenheit vergessen, um sich auf die Erfüllung seines *fatum* konzentrieren zu können. Paradox scheint es jedoch, dass er auch die Offenbarungen seines Vaters in Bezug auf die römische Zukunft zu vergessen scheint. Aeneas handelt im iliadischen Teil des Epos in keinerlei Kenntnis des Bevorstehenden. Weder rememoriert er die Erfahrungen, die er im descensus gewonnen hat, noch bestimmen diese

---

[132] Vor dem Hintergrund der Thematik des Vergessens erscheint auch der Ausspruch der Sibylle, der Abstieg in den Hades sei leicht, der *ascensus* hingegen außerordentlich schwer, nachvollziehbar: Das Überwinden seiner memorativen Innenraums stellt für den vergangenheitsbezogenen Aeneas im Descensus eine schwierige Aufgabe dar, die er nur mit Hilfe der Sibylle bewältigen kann. Ist seine *memoria* jedoch erst einmal im Zeitort abgelegt, so ist die Fixierung auf die von *fatum* gestellte Aufgabe und damit die Rückkehr in das Reich der Lebenden einfach.
[133] Vgl. PLATTHAUS, Höllenfahrten , S. 121

explizit sein Handeln. Kann man also von einer „monumentale Fo genlosigkeit"[134] der
Enthüllungen der Katabasis sprechen? Hat Aeneas diese vergessen?

Charakteristisch für das Verhalten des Aeneas nach dem ascensus ist seine Reaktion, als
er den Schild von seiner Mutter Venus entgegennimmt, auf dem die glorreichen Taten
zukünftiger Römer abgebildet sind: *illic res Italas Romanorumque triumphos haud va-
tum ignarus venturique inscius aevi fecerat Ignipotens, illic genus omne futurae stripis
ab ascanio pugnataque in ordine bella*[135]. Der Schild des Volkans zeigt Kapitel der römischen Geschichte und die Handlungen der Götter von den von der Wölfin gesäugten
Zwillingen Romulus und Remus an bis hin zu den Taten des Augustus. Und Aeneas, der
all dies schon einmal in der Unterwelt erfahren hat, der den großen Helden Roms schon
einmal persönlich gegenüber-gestanden hat, ist nicht in der Lage, die Personen und Sze-
nen, die er auf dem Schild sieht, zu identifizieren, sondern bestaunt lediglich die Kunst-
fertigkeit der Bilder und hebt den Schild „*rerum ignarus*"[136] auf.

Obwohl die Aufklärung über die zukünftige Geschichte und die Gefahren, die er bis zur
Erfüllung seines *fatum* noch meistern muss, das ihm versprochene Ergebnis und damit
das Ziel der Katabasis war, kann Aeneas die Enthüllungen offensichtlich nicht memorieren, er scheint sie vergessen zu haben. *Ignarus* ist der zentrale Begriff, der Aeneas'
Verhalten in den Büchern sieben bis zwölf der Aeneis charakterisiert. Das im Hades Er-
fahrene kann er nicht in die Oberwelt „hinüberretten", „he has to return [...] to action in
the world of ordinary consciousness"[137]. Die *memoria* scheint an das Jenseits, das Universum der memoria, gebunden zu sein, sie kann nicht mit in die Oberwelt genommen
werden. Es scheint, als würde Aeneas –ähnlich den aus der Unterwelt zur Wiedergeburt
aufsteigenden Körpern – Lethewasser trinken und so vor seinem Wiedereintritt in die
Welt der Lebenden alles vergessen müssen. Das Reich des Todes wird in der Konstruktion Vergils mit der universalen *memoria*, der Mnemosyne gleichgesetzt, während dem
Leben das Vergessen zugeordnet wird, die Lethe als Gottheit und der Lethestrom.

Aeneas aber verlässt den Hades nur aber nicht durch den Fluss des Vergessens, sondern
durch das „Tor der falschen Träume", dessen Funktion in der Sekundärliteratur kontrovers diskutiert wird. Für meinen Betrachtungsansatz bietet sich hier eine andere Bedeu-

---

[134] HERZOG, Aeneas episches Vergessen, S. 91; aus seinem Aufsatz erhielt ich auch die Anregung zur
Auseinandersetzung mit der Problematik des Vergessens.
[135] VERGIL, Aeneis VIII, V. 626-629.
[136] VERGIL, Aeneis VIII, V. 730
[137] HENRY, The vigour of prophecy, S. 44

tung an als die rein zeitliche, die Norden nennt[138]. Zeigt sich in dem Traummotiv nicht die Flüchtigkeit und Unhaltbarkeit der im Jenseits gewonnenen Erfahrungen, das Vergessen? Wie ein Traum, so sind auch die Erlebnisse und Erfahrungen der Katabasis nicht der real-irdischen Dimension zuzuordnen; diese Verbindung zwischen dem Totenreich und den Träumen bezeichnet Vergil bereits beim Eintritt des Aeneas und der Sibylle in den Hades; die *somnia vana* hängen in den Zweigen der Ulme, die in der Vorhalle des Hades steht. Auch hier sind bezeichnenderweise nicht die Träume an sich, sondern eine spezielle Form der Träume, die falschen oder nichtigen, genannt. Sowohl der Eintritt in die Unterwelt als auch das Verlassen des Totenreiches steht unter dem Symbol des falschen Traums. Dies kann nicht so verstanden werden, dass der gesamte Inhalt der Katabasis falsch ist und für das irdische Leben nach dem ascensus falsch bleibt. Vielmehr bleibt das Totenreich ein phantastischer, für einen Lebenden nie völlig zu durchdringender Bereich, der insofern leer und falsch ist, als er neben dem Diesseits existiert und der Lebende die Verknüpfung niemals auf Dauer aufrecht erhalten kann. Ein falscher Traum erscheint falsch, wenn man ihn an den Gegebenheiten des realen Lebens misst, muss aber nicht - absolut gesehen - falsch sein. Die Seelenwanderungslehre, die Schatten der Verstorbenen, der Ausblick auf die geschichtliche Zukunft des römischen Volkes und die Präexistenz der Toten in der Unterwelt: All das kann in der rationalen, diesseitigen Welt nur als falscher Traum erscheinen, der schnell vergessen wird.

Trotz dieses Vergessens der Erfahrungen bleibt die Katabasis dennoch ein Element, dem innerhalb des Epos eine zentrale Bedeutung zukommt: Aeneas wird „umgedreht", er verliert seine Vergangenheitsbezogenheit und blickt in die Zukunft. Denn auch wenn er die Einzelheiten der römischen zukünftigen Geschichte vergisst, gewinnt er im Hades dennoch eine Erkenntnis, die ihm nicht durch den Wiederaufstieg in die Oberwelt genommen werden kann: die Erkenntnis seiner selbst, seiner eigenen Rolle und Bedeutung für das Ganze. Die inhaltlichen Einzelheiten des göttlichen Weltplanes gehen ihm mit dem ascensus verloren, aber der amor, den Anchises durch seine Erklärungen in ihm hervorruft, bleibt ihm erhalten.[139]

---

[138] Vgl. S. 27

[139] Während der Arbeit begleitete mich das Credo „Hinabgestiegen in das Reich des Todes" aus dem Apostolischen Glaubensbekenntnis und damit die Hoffnung, einen Vergleich zwischen der Katabasis des Aeneas und dem *descensus ad inferos* ziehen zu können. Mit voranschreitenden Erkenntnissen ergaben sich jedoch zu große Differenzen zwischen den beiden Höllenfahrten im Rahmen der vorgegebenen Thematik des Zeitkonzeptes; aus aufgrund der Tatsache, dass bei Homer und Vergil der Held lebend, Christus jedoch tot in den Hades hinabsteigt, hätte eine umfangreiche Darstellung des Karsamstagereignisses zu weit geführt. Dennoch sei hier auf einige Aspekte des Descensus Christi verwiesen, die eine interessante Perspektive eröffnen: Die Heilsbotschaft des Descensus an die Menschen ist die Solidarität des am Kreuz

Gestorbenen mit allen menschlichen Toten und die Wirklichkeit und Vollständigkeit der Menschwerdung, die sich in der Höllenfahrt, der urmenschlichen Todeserfahrung, und dem mit ihr verbundenen Leiden zeigen. Durch den Gang zu der aufgrund der Erbsünde im Hades weilenden vorchristlichen Menschheit offenbart sich die Universalität der Heilsbotschaft Jesu: Das Erlösungsgeschehen umfasst alle Räume und alle Zeiten der Geschichte, nicht nur die Gegenwart und die Zukunft, sondern auch die Vergangenheit. Daraus ableiten lässt sich die Stellvertretung Jesu für die Menschen im Tod, das „Darüberhinaus" Jesu Abstieg in den Hades: Da Christus stellvertretend für uns alle gestorben ist und so die Heilung und Überwindung unserer Sünden bewirkt, durchleidet Christus als einziger die volle Dimension des Todes.